Tullio Carere-Comes

La scienza della cura dialogico-processuale

Lubrina Editore

Copertina
Nicoletta Freti, 2013

ISBN 978-88-7766-486-0
© Tullio Carere-Comes by Lubrina Editore Srl
via Correnti, 50 – 24124 Bergamo

Indice

Prefazione

Questo terzo volume raccoglie i seminari tenuti presso la Scuola di cura di sé nel 2012. Già nei primi due volumi[1] avevo segnalato la tendenza del campo della cura a dividersi in due settori abbastanza nettamente distinti, nonostante la presenza di forme intermedie: uno tecnico-procedurale, basato sulle evidenze prodotte dalla ricerca empirica e apparentato alla *evidence-based medicine*; l'altro dialogico-processuale, il cui fondamento non è la ricerca empirica, ma l'attenzione al contesto, l'ascolto del processo, la cura indefessa del dialogo. Le perplessità avanzate da ampi settori del mondo della psicologia sulle basi scientifiche della seconda area (cui appartengono in particolare il counseling e la psicoanalisi laica) ha richiesto una intensificazione del lavoro epistemologico, volto a dare una fondazione rigorosa alle pratiche che non si riconoscono nel modello medico. Di conseguenza, il filo conduttore dei seminari dell'anno, che dà il titolo a questo volume, è stato *La scienza della cura dialogico-processuale*. Il tema è stato ulteriormente sviluppato, e per certi aspetti concluso, in due relazioni congressuali presentate nel 2013. Il testo di queste relazioni è riportato in appendice (cap. 11-12).

In questa cornice epistemologica è stato sviluppato e arricchito con un quarto asse il modello triassiale della cura, introdotto nel secondo volume. Alle tre coordinate fondamentali della cura (maturativa, formativa, trasformativa) è stata aggiunta una dimensione temporale, kairologica: il tempo esistenziale è quello in cui ogni momento offre un'opportunità (*kairòs*) da cogliere per la maturazione, la formazione o la trasformazione. Per alcuni sviluppi teorici sono stati utilizzati due acronimi. Il primo, RAF, sta per Respiro-Accettazione-Flusso, tre momenti della cura che acquistano particolare significato nel contesto di un'alleanza di lavoro sufficientemente buona. Il secondo, CORE, sta per COnsa-

---

[1] T. Carere-Comes, *La cura di sé nella relazione di aiuto* (2011), *Il cammino di risveglio* (2012), siglati in questo volume rispettivamente come CdS e CdR seguiti dal numero del capitolo.

pevolezza e REsponsabilità, i due principi su cui si regge un gruppo di lavoro permanente affrancato dal principio di autorità.

Infine, nell'ultimo seminario dell'anno è stata proposta la metafora della valle, della montagna e della vetta, come tre fasi che orientano la cura a partire dal piano dell'illusione, che è benefica finché è al servizio del gioco e della rappresentazione, e comunque fino al momento in cui il soggetto non è pronto a iniziare un cammino di risveglio, simbolizzato dalla salita sulla montagna. La vetta non è la meta finale, in cui installarsi definitivamente per guardare dall'alto le miserie umane, ma il luogo di esperienze particolari, le *peak experiences*, necessarie per illuminare e dare senso all'intero percorso. In tal modo viene introdotto il tema dei seminari che seguiranno nel 2013: la seconda nascita nel terzo millennio.

1.

Il disagio esistenziale e la sua cura

"Disagio esistenziale" è un'espressione composta da un sostantivo e un aggettivo. Il sostantivo disagio indica una condizione di non agio, di malessere. La parola corrispondente nella lingua inglese, *disease*, significa malattia, quindi un disagio patologico, mentre la parola italiana è generica e include qualsiasi forma di malessere, patologico o meno. Per precisare il tipo di disagio occorre quindi aggiungere un aggettivo. L'aggettivo esistenziale ci dice che il disagio ha a che fare con l'esistenza. Ma che cosa vuol dire? Qualsiasi disagio ha a che fare con l'esistenza in un modo o nell'altro, e quindi l'aggettivo sembrerebbe superfluo. Non lo è solo se pensiamo a quel disagio che appartiene al semplice fatto di esistere, indipendentemente da qualsiasi complicazione aggiuntiva, come incidenti e malattie. Si potrebbe obiettare che incidenti e malattie sono parte integrante dell'esistenza, dal momento che nessuno ne è immune. La distinzione tuttavia tiene se pensiamo che delle malattie si occupa il medico e degli incidenti quel medico specialista che è il traumatologo, e possono farlo focalizzandosi esclusivamente sull'oggetto di cui sono competenti senza preoccuparsi del significato di quella malattia o di quell'incidente nell'esistenza complessiva di una persona. Il medico diagnostica una polmonite o una frattura e prescrive un antibiotico o un apparecchio gessato, e il suo compito di regola finisce lì. Di fatto, la pratica medica (generale o specialistica, incluse la psichiatria e buona parte delle psicoterapie) è esercitata per lo più in modo non filosofico o solo trascurabilmente filosofico, vale a dire ignorando il lato esistenziale della malattia e curando questa, non l'uomo malato.

Partiamo quindi da una prima provvisoria definizione: *il disagio esistenziale è il malessere che appartiene all'esistenza in quanto tale, indipendentemente da patologie e traumi di qualsiasi tipo e natura.* La cura di questa forma di disagio è competenza, diritto e dovere di ogni essere umano, dal momento che riguarda tutti indistintamente. Se invece parliamo di *cura professionale*, sono tre le principali figure di riferimento da prendere in considerazione: il medico, lo psicoterapeuta e il counselor[2]. Il medico ha il compito di diagnosticare e curare malattie, e la sua formazione non gli dà una competenza esistenziale superiore a quella di chiunque altro. D'altra parte, nulla vieta che il medico sia *anche* filosofo: anzi già per Ippocrate *iatròs philòsophos isòtheos*, il medico che è anche filosofo è simile a un dio. Sarebbe in effetti molto desiderabile che ogni medico fosse almeno un poco anche un filosofo, ma non possiamo certo pretenderlo. La medicina moderna è talmente complessa che il medico fatica a mantenersi aggiornato anche nel campo ristretto della sua specialità, e non vorremmo che per studiare la componente esistenziale dei malanni dei suoi pazienti mancasse di diagnosticare un preciso disturbo o di prescrivere il farmaco appropriato. Anche se di William Osler, considerato il padre della medicina moderna, si ricorda la frase "A volte è più importante chiedersi quale tipo di persona ha questa malattia che quale tipo di malattia ha questa persona". Per quanto riguarda il medico, in ogni modo, una competenza di cura esistenziale non è richiesta, ma è desiderabile. Se non altro per riconoscere una certa problematica e inviare il paziente a una figura più competente.

Questa figura, in prima battuta, sembrerebbe essere lo psicoterapeuta, perché in genere non si fa differenza tra un problema psicologico e uno esistenziale. Non solo nella coscienza popolare, ma anche tra gli addetti ai lavori, le due aree tendono a confon-

---

[2] Lo psicoanalista, come vedremo, può essere considerato un tipo particolare di psicoterapeuta, benché il suo lavoro possa essere più affine a quello del counselor.

dersi o a sovrapporsi, e per entrambe la figura di riferimento sembra essere lo psicoterapeuta, che come è noto può essere sia un medico sia uno psicologo. Del resto è giusto dire che le due aree in parte coincidono, ma solo in parte. Cerchiamo di chiarire questo punto partendo da una domanda: perché la legge riserva l'esercizio della psicoterapia ai soli medici e psicologi? Pur non avventurandosi nel compito temerario di dire che cosa sia la psicoterapia, la legge sottintende chiaramente che essa è una pratica scientifica: se così non fosse, non avrebbe senso vietarne l'esercizio ai filosofi, agli artisti, ai sacerdoti e a tutti coloro che a vario titolo esplorano i mali dell'anima e ne propongono dei rimedi basati sulla comunicazione verbale e non verbale. Si dovrà quindi distinguere una cura pre-scientifica o non-scientifica dell'anima o del sé che è vecchia come il mondo, dagli sciamani in avanti, e una cura che è o cerca di essere scientifica nel senso delle scienze empiriche moderne, mediche e psicologiche. Sul rapporto tra i due tipi di cura le opinioni divergono anche aspramente tra gli stessi psicoterapeuti, oggi divisi in due campi: da un lato i sostenitori del modello medico, per i quali la psicoterapia deve essere guidata dalla ricerca empirica, non diversamente dalla terapia medica; dall'altra i sostenitori del modello ermeneutico-fenomenologico-contestuale, per i quali la ricerca empirica è di scarsa utilità in psicoterapia[3]. Esiste anche un'area intermedia, occupata da coloro che tentano varie forme di ibridazione tra le due visioni contrapposte, ma è innegabile che oggi il campo degli psicoterapeuti sia abbastanza nettamente spaccato.

---

[3] "Il dibattito sulla ricerca in psicoterapia si è trasformato negli Stati Uniti in una guerra che vede la presenza di due gruppi rigidamente contrapposti. Da una parte sono schierati i terapeuti – generalmente appartenenti al filone cognitivo-comportamentale – che considerano come evidenze significative solo i dati ricavati dagli studi randomizzati controllati e dai trattamenti manualizzati. Dall'altra ci sono invece i terapeuti che attribuiscono più valore all'esperienza e all'intuizione clinica che alla conoscenza ottenuta attraverso l'esecuzione di studi clinici randomizzati e che ritengono che i risultati della ricerca possono essere strumentalizzati per dimostrare qualsiasi tipo di ipotesi" (Norcross, 2007).

Ai fini legali dobbiamo riservare il nome di psicoterapia a quella pratica scientifica che la legge riserva a medici e psicologi, e che consiste essenzialmente nel trattare diversi tipi di disturbi fisici o mentali con procedure relazionali che hanno superato dei test scientifici di efficacia per la cura di quei disturbi. Questo tipo di psicoterapia, che si ispira al modello medico, deve essere considerato a tutti gli effetti una branca della medicina. Dunque lo psicoterapeuta, ovvero il medico o lo psicologo legalmente abilitato all'esercizio della psicoterapia, ha di mira primariamente la cura di svariate forme di patologia. Nulla vieta, naturalmente, che al pari del medico anche lo psicoterapeuta estenda la sua attività alla sfera esistenziale, cioè a quell'area che, per definizione, esula dalla patologia per riguardare l'esistenza di ogni essere umano. Anzi, questo sconfinamento sarà tanto più probabile e frequente per la contiguità del generico malessere esistenziale con la sofferenza psichica francamente patologica, essendo del resto il confine tra le due aree non sempre ben distinto. A questa contiguità tra le due aree si debbono le due anime della psicoterapia, cui corrispondono come abbiamo visto due figure nettamente diverse (ferma restando l'esistenza di numerose forme ibride): lo *psicoterapeuta procedurale*, che ha un approccio di tipo medico, e lo *psicoterapeuta processuale*, che ha un orientamento esistenziale. Mentre il medico cura la patologia, con un'attenzione solo occasionale o marginale per il malessere esistenziale, lo psicoterapeuta (in senso legale, cioè quello che ha una preparazione scientifica per la cura del disagio patologico) acquisisce attraverso la formazione e la pratica una competenza molto maggiore del medico dell'area esistenziale in cui non può fare a meno di avventurarsi, poco o tanto, per esplorare le radici dei casi che è chiamato a trattare.

A differenza del medico e dello psicoterapeuta, il counselor non è abilitato alla cura di disturbi patologici, ma deve limitarsi al trattamento di problematiche esistenziali, come difficoltà evolutive e crisi di identità. Nel counseling la relazione tra le due aree del disagio è esattamente invertita rispetto a quanto avviene in psicoterapia: qui l'attenzione primaria è per il disagio esistenziale, mentre un'eventuale patologia concomitante, che il counselor dichiara espressamente di non potere né volere curare, riceve attenzione solo per il vissuto che l'accompagna e il significato che ha nella vita del soggetto. Il lavoro del counselor è quindi simile a quello del terapeuta processuale[4], con la differenza che quest'ultimo, pur dedicando un'attenzione primaria al processo della cura, può ibridare se e quanto vuole il proprio lavoro con modalità proprie della terapia procedurale. In conclusione, possiamo trovare dei medici e degli psicologi che hanno un'eccellente competenza esistenziale, e magari mettono la cura di quest'area al centro della loro pratica, benché ciò non sia richiesto dal ruolo che lo spirito del tempo e la legge dello Stato assegna loro; mentre il counselor, cui è interdetto l'accesso al campo della patologia, non può occuparsi d'altro che di difficoltà e problemi che appartengono all'esistenza ordinaria degli esseri umani[5].

Dopo aver dato una prima definizione di disagio esistenziale e avere descritto le figure che professionalmente se ne occupano, procediamo con l'analisi del metodo richiesto dal nostro oggetto di studio. Il metodo scientifico comunemente inteso, cioè quello delle scienze naturali, funziona benissimo per la medicina, dalla quale è chiamato a rispondere a domande del tipo: quale farmaco funziona meglio e con minori effetti collaterali in questa malattia? Si ipotizza, in base ad esperienze preliminari, che un certo farma-

---

[4] In Italia e in genere un Europa il counselor è autorizzato a trattare il disagio esistenziale solo entro limiti definiti di tempo e di obiettivi. La limitazione del resto è giustificata dalla brevità del percorso formativo. A motivo di questa limitazione, tuttavia, si pone l'esigenza di una quarta figura, quella dello *psicoanalista laico* – o comunque si voglia chiamare un terapeuta processuale che non è né medico né psicologo, ma vuole e può trattare il disagio esistenziale oltre i limiti imposti al counselor.
[5] Il counselor, per esempio, non può curare un disturbo depressivo, ma può aiutare il suo cliente a esaminare i vissuti legati a quel disturbo e a esplorarne il significato nel complesso della sua esistenza.

co funziona meglio di altri o almeno del placebo per curare un certo disturbo; si formano due gruppi di pazienti sufficientemente omogenei, al primo dei quali si somministra il farmaco in esame, mentre al secondo si dà un farmaco già noto oppure il placebo; il tutto in *doppio cieco*, cioè in modo che né i pazienti né i medici sappiano a quale dei due gruppi viene dato il farmaco oggetto di studio. I risultati dell'esperimento clinico saranno poi sottoposti ad analisi statistica, per vedere se tra i due gruppi c'è una differenza significativa. Anche la ricerca in psicoterapia ha cercato di applicare questo metodo per ottenere rispettabilità scientifica: ma è facile vedere che lo specifico della psicoterapia mal si presta a questo tipo di indagine. Basti dire che è ovviamente impossibile studiare in doppio cieco l'efficacia di un metodo di psicoterapia (bisognerebbe che il terapeuta lavorasse senza sapere quello che sta facendo). Ne consegue che questi studi sono pesantemente condizionati dalla *researcher allegiance*, cioè dall'appartenenza di scuola del ricercatore, nel senso che i risultati tendono a confermare le teorie del ricercatore in una percentuale decisamente alta di casi (quando i risultati sono corretti per eliminare la distorsione prodotta da questo fattore, le differenze tendono ad azzerarsi – di qui il *Verdetto di Dodo*: tutti hanno vinto, tutti meritano un premio). Per questo motivo molti psicoterapeuti ritengono che la ricerca empirica non abbia molto da insegnare nel loro campo e fanno affidamento piuttosto sulla ricerca clinica, intesa come descrizione accurata dei *fenomeni tipici* che si incontrano nel corso del lavoro psicoterapico.

La descrizione dei fenomeni tipici di un campo appartiene a un altro tipo di scienza, la scienza *eidetica*, basata sulla ricerca *fenomenologica*. Scienza eidetica significa scienza degli *eida*, le essenze tipiche o i fenomeni essenziali di un determinato campo, e la ricerca fenomenologica è il metodo che punta alla descrizione di quei fenomeni (gli aggettivi eidetico e fenomenologico possono valere qui come sinonimi). Mentre la ricerca empirica si basa essenzialmente sul sottoporre un'ipotesi alla prova dell'esperimento, i cui risultati saranno valutati con gli strumenti dell'analisi statistica – ed è pertanto una scienza fondamentalmente quantitativa –, la ricerca fenomenologica è fondamentalmente qualitativa (*non tento le essenze*, diceva Galileo, uno dei padri della scienza moderna), cioè non è una scienza esatta basata su precise *misurazioni*, ma una scienza qualitativa fondata su accurate *descrizioni*. Come si procede per rendere il più possibile accurate le descrizioni? Anche la scienza eidetica, al pari di quella empirica, segue una disciplina rigorosa, che si articola in tre momenti: l'*epoché* (l'esercizio di sospensione di presupposti e aspettative nell'osservazione dei fenomeni), la *dialettica noetico-dianoetica* (l'esercizio del sottoporre ad analisi razionale-critica sistematica tutte le intuizioni eidetiche ottenute mediante l'epoché), il *dialogo* (la pratica della messa in gioco continua dei propri risultati nel confronto con altri ricercatori)[6].

Se l'utilità della ricerca empirica è messa in dubbio o apertamente contestata in psicoterapia, ancora di meno ci aspetteremo da questo approccio se il nostro campo di interesse è il disagio esistenziale, in cui non abbiamo a che fare con disturbi o sintomi abbastanza ben definiti da poter misurare e valutare quantitativamente, ma con un malessere o un mal di vivere diffuso e mal definito, benché contraddistinto da una serie di fenomeni caratteristici di questo disagio: solitudine, difficoltà relazionali, insicurezza, squilibrio, disadattamento, insoddisfazione, paura, scoraggiamento, angoscia, e simili. L'approccio di elezione sarà quindi di tipo fenomenologico.

È stato spesso osservato che gli stati d'animo del disagio esistenziale sono tipici dei bambini, in quanto incapaci di sopravvivere da soli, bisognosi di assistenza permanente e continuamente esposti al pericolo di essere abbandonati, trascurati, non amati, non coccolati. Il problema è che questi sentimenti si ritrovano con in-

---

[6] Questo tema sarà sviluppato nel quarto seminario. Vedi anche CdS 4.

quietante frequenza anche negli adulti. L'ipotesi di Giacobbe[7] è che nelle società ricche gli adulti rimangono bambini, non crescono mai del tutto e nemmeno a sufficienza, perché sono iperprotetti. Per crescere occorre affrontare da soli le difficoltà delle vita, e questo nelle società ricche non avviene o avviene in misura inadeguata, con la conseguente produzione di schiere di bamboccioni al posto di giovani adulti sani. Per quanto discutibile sia il modello di adulto suggerito da Giacobbe – un individuo autosufficiente, egocentrico e prevaricatore – è condivisibile, dal punto di vista fenomenologico, l'osservazione che gran parte del disagio esistenziale abbia caratteristiche uguali o simili alla sofferenza infantile. È un buon punto di partenza per la nostra analisi.

È come se al centro o alla base della nostra fatica di vivere ci fosse un bambino smarrito o spaventato, piangente o rabbioso. Un bambino cui è mancato o è stato tolto qualcosa di cui ha disperatamente bisogno e di cui non cessa di pretendere la restituzione. Una sensazione di *mancanza* intollerabile di un sommo bene cui è impensabile rinunciare. Possiamo intenderla così: nascendo, il bambino viene espulso dal mondo quasi perfetto in cui ha vissuto per nove mesi per essere gettato in un altro mondo che non sarà mai all'altezza di quello che ha lasciato. Le cure materne cercheranno di consolarlo, ricostruendo l'apparenza di un'unità simbiotica che imita, ma molto imperfettamente, quella prenatale. Più avanti interverrà il padre a spezzare definitivamente l'illusione di possesso del corpo materno. Ma la speranza di ritrovare il bene perduto è dura a morire, e sopravvive alle più dure disillusioni cui il bambino è sottoposto. Per tutta la vita il bambino che resta in noi, o il desiderio che lo muove, non cesserà di cercare oggetti ai quali unirsi, con le buone o con le cattive, per ristabilire l'unità del mondo diviso e come tale insopportabilmente angoscioso.

---

[7] G.C. Giacobbe, *Alla ricerca delle coccole perdute*, 2008.

Si tratta di un fenomeno che è stato esplorato in tutte le culture di tutti i tempi. Nella sua più nuda struttura, il fenomeno è questo: l'uomo soffre per la perdita di qualcosa di estremamente prezioso, che non cesserà di rimpiangere e desiderare per tutta la vita. La cosa perduta si potrà chiamare Paradiso, o Nirvana, o Vita prenatale, o Corpo materno, o semplicemente la Cosa (*das Ding*), come fa Lacan sulla scorta di Heidegger. Il desiderio si potrà chiamare pulsione o brama o tentazione diabolica, la perdita potrà essere detta irrimediabile oppure, per certi aspetti, recuperabile, ma la struttura essenziale del fenomeno rimane quella, nel variare delle cornici teoriche in cui di volta in volta è incastonata.

Abbiamo così introdotto i primi elementi di una *fenomenologia del desiderio*. Si desidera ciò che non si ha, e la caratteristica centrale del desiderio di non appagarsi mai, ma di spingersi sempre oltre a desiderare altro, mostra anche che si desidera ciò che non si può proprio avere, che non si avrà mai, con la cui mancanza bisognerà pure fare i conti. Come animali desideranti siamo sempre inquieti, mai contenti, rapidamente stanchi o delusi di ciò che pure abbiamo tanto bramato. D'altra parte, il desiderio ci mette in contatto con una parte centrale di noi, un buco nero, un vuoto incandescente che rischia di distruggerci se ce ne lasciamo risucchiare, ma che orienta ineluttabilmente la nostra ricerca di senso, tanto che se pretendiamo di metterci in sicurezza sopprimendo ogni desiderio la nostra vita perde significato e sapore. Insomma, la questione del desiderio è ineludibile: qualcosa dobbiamo farne, se non vogliamo restare delle anime perennemente inquiete, insoddisfatte di ciò che abbiamo ma incapaci di dire che cosa vogliamo veramente.

La cura del disagio esistenziale è quindi innanzi tutto cura del desiderio: che significa prenderne coscienza in primo luogo, al di là degli infiniti camuffamenti e nascondimenti (il desiderio è molto abile a celarsi dietro o dentro un grande varietà di sintomi somatici o psichici), e poi prendercene la responsabilità, invece di subirne il gioco, decidendo che cosa possiamo e vogliamo farne. Si dirà che questo è il compito dello psicoanalista: che cosa può fare un counselor con i suoi modesti mezzi[8]? Non mi stanco di ripetere che il lavoro di conoscenza e cura di sé non è, non può e non deve essere prerogativa esclusiva di alcuna corporazione di sacerdoti o di professionisti che pretendono di averne il monopolio. È invece competenza, diritto e dovere di ogni essere umano che capisca la necessità primaria di questa conoscenza e questa cura: che altro, se non questo, fa di noi degli esseri propriamente umani?

Non solo il counselor può occuparsi della dinamica del desiderio del suo cliente, ma non può proprio esimersi dal farlo: come potrebbe mai prendersi cura del disagio esistenziale – ambito da tutti riconosciuto come quello di competenza indiscussa del counselor – senza dedicare un'attenzione privilegiata alle vicissitudini del desiderio, che in questo disagio gioca un ruolo centrale e decisivo? Vedremo nei prossimi seminari che cosa significa concretamente prendersi cura del desiderio, nella vita personale e professionale, nella cornice di una pratica che, per come noi la intendiamo, è basata sul *senso comune* e sull'applicazione dei *fattori* che sono *comuni* a tutte le relazioni di cura, da quella genitoriale in avanti. Naturalmente la cura del desiderio, per quanto accessibile virtualmente a tutti, non è una cosa troppo semplice ("Dio non è cattivo, sembra abbia detto Einstein, è solo complicato"). È una cura che, per giunta, diventa ancora più complessa se poniamo attenzione al fatto che la dinamica del desiderio di intreccia e si combina in molti modi con la dinamica del bisogno.

Proprio la nostra osservazione iniziale ci obbliga a sviluppare una *fenomenologia del bisogno* (o dei bisogni), da affiancare a quella del desiderio: il disagio esistenziale ha in noi radici antiche, ha o-

---

[8] Lo psicoanalista laico, per come è da noi inteso, sviluppa le competenze di base del counselor per superare i limiti di tempo e obiettivi entro cui questi opera, ma non fa nulla di sostanzialmente diverso.

rigine nell'infanzia e ha dimora stabile in quella parte di noi che oggi è spesso indicata come il nostro *bambino interiore*. Questo bambino che è dentro di noi non fa che mantenere le caratteristiche, a volte straordinariamente immutate, del bambino in carne e ossa che siamo stati all'inizio della nostra vita. Di questo bambino abbiamo messo a fuoco, per cominciare, la struttura del desiderio che nasce dal dolore inconsolabile, il rimpianto e la pretesa di risarcimento rispetto alla perdita inammissibile di un sommo bene. Ma evidentemente se il bambino soffre, non soffre solo per questo. Soffre anche, e secondo taluni soprattutto, per la condizione di impotenza e assoluta dipendenza da persone – i genitori o chi per loro – che per quanto amorevoli e pieni di buona volontà abbastanza spesso, o quasi sempre, restano poco o tanto al di sotto delle aspettative del bambino di risposta non solo ai suoi impossibili desideri, ma anche ai suoi *legittimi* bisogni. Diciamo un'ovvietà se notiamo che il bambino, senza cure genitoriali appropriate, non potrebbe nemmeno sopravvivere. A volte, ma ormai raramente nel mondo occidentale, i bambini sono lasciati morire di stenti o maltrattamenti; molto più spesso è la loro sopravvivenza psichica che è in pericolo. Non c'è quindi da meravigliarsi se l'esistenza del bambino è segnata da un disagio che si attenuerà, senza mai venire del tutto meno, solo al raggiungimento di un *grado sufficiente di autonomia*.

Siamo debitori alla psicoanalisi come movimento complessivo, incluso il suo dividersi e frammentarsi in scuole rivali, di una maggiore consapevolezza delle due logiche, del desiderio e del bisogno. La psicoanalisi freudiana si è sviluppata essenzialmente come cura del desiderio, e mantiene ancora oggi questo orientamento nelle scuole più ortodosse oltre che in quelle, come la scuola lacaniana, non molto ortodosse ma fedeli all'ispirazione originaria di Freud. La psicoanalisi post-freudiana, specialmente nordamericana, si è invece progressivamente allontanata dal suo centro primario di interesse per svilupparsi in senso *relazionale*. Questo significa che l'analista non si limita a decifrare i segni del desiderio e i conflitti tra questo e la realtà, ma cerca anche, in qualche modo e misura, di dare delle risposte relazionali ai bisogni evolutivi del paziente. L'analista si trova così a svolgere alcune funzioni proprie delle figure genitoriali, ma anche a proporsi come partner di un viaggio esistenziale in cui è certamente arduo e comunque rischioso avventurarsi da soli. Il counselor condivide con lo psicoanalista questo ruolo paradossale, che unisce tratti del *caregiver* a quelli di partner nel "vero viaggio".

Le due logiche, del desiderio e del bisogno, si intrecciano e si combinano in infiniti modi nel cammino evolutivo del soggetto. La decifrazione e lo scioglimento di questi intrecci, per superare i punti di arresto e restituire al soggetto la responsabilità della cura di sé, sono compiti fondamentali del counseling e della psicoanalisi. Di questo cammino, che cercheremo di percorrere insieme nei prossimi seminari, possiamo anticipare sin d'ora almeno un tratto caratteristico. Le due linee del desiderio e del bisogno sono di regola *massimamente divergenti all'inizio* – nel senso che è comune per il bambino desiderare ardentemente l'esatto contrario di ciò di cui ha bisogno – per tendere a convergere cammin facendo: quanto più cerchiamo di "diventare saggi"[9], tanto più impariamo a desiderare solo ciò di cui abbiamo veramente bisogno.

---

[9] Altiero Spinelli, *Come ho cercato di diventare saggio*, 1987.

2.

Il modello tridimensionale

Un cane è un cane, è una verità elementare che tutti i padroni di cani dovrebbero ricordare e invece spesso dimenticano, scambiando i loro cani per uomini-bambini. Il cane deve capire chi è il capobranco e sottomettersi. Se non lo fa, è perché cerca di essere lui il capobranco, non trovando un'autorità capace di imporglisi. Un errore simile, ma dalle conseguenze più serie, è quello inverso di scambiare gli uomini per cani, animali da branco alla ricerca di un padrone: per esempio il capo di una setta o di un movimento politico o religioso, un'autorità indiscussa che domanda sottomissione incondizionata. È vero che moltissimi uomini sono contenti di sottomettersi a un capo, di mettere la loro vita nelle mani di un'autorità cui attribuiscono un potere di guida. Sono gli stessi che se potessero si metterebbero al posto di comando: l'istinto gregario vuole che uno si faccia gregge o pastore, non ci sono vie di mezzo. Ma un uomo è qualcosa di più di una pecora o di un cane. Certamente ci sono in lui *anche* una pecora e un cane. Ma se l'animale prende il sopravvento, ciò che è propriamente umano – la *libertà* di decidere della propria vita – si spegne o semplicemente non si accende. Questo non vuol dire che il principio di autorità non abbia valore. Ma la vera autorità è diversa da quella del capobranco. Il capobranco si impone con la forza, si afferma grazie alla forza – inclusa la forza subdola della seduzione, della manipolazione, dei ricatti morali. La vera autorità si impone con la persuasione, con la capacità di suscitare fiducia. La persona capace di esercitare una vera autorità è una persona libera, che non è sottomessa a nessuno e non vuole sottomettere nessuno. Nemmeno per il suo bene. Chi è assetato di libertà cerca qualcuno che lo aiuti a trovare la strada che lo conduce a se stesso, e segue volentieri la guida della persona in cui percepisce la libertà dal bisogno di avere dei seguaci, dei sudditi, dei figli obbedienti. Si ribella invece all'autorità che si regge su principi astratti, o condizionamenti privati o collettivi.

Dunque il furfante che rifiuta di sottomettersi alla legge è un esempio da imitare? Il furfante in realtà è un infelice cui nessuno è riuscito a insegnare la bontà della legge e la libertà di trasgredire solo in nome di una giustizia superiore (post-convenzionale), e mai per gratificare i propri istinti (pre-convenzionali). La scomparsa più volte annunciata dall'orizzonte contemporaneo della figura paterna, più precisamente dell'autorità paterna, non significa che è scomparsa la legge.

È scomparsa la capacità – per quel poco o tanto che è esistita in altre epoche – di incarnare la legge in modo persuasivo e credibile, lasciando una vuota lettera cui si ubbidisce di malavoglia e senza convinzione, trasgredendo quando si può in nome di una libertà che, in queste condizioni, degenera facilmente in libertinaggio e arbitrio.

Per comprendere meglio la questione dell'autorità e della legge, cruciale nella cura del disagio esistenziale, cerchiamo di inquadrarla nel *modello a croce tridimensionale* che secondo Guénon[10] descrive la *struttura universale dell'uomo* (il modello che io propongo differisce da quello di Guénon perché non è basato sulla tradizione, ma sull'osservazione fenomenologica delle linee fondamentali lungo le quali procede la crescita dell'uomo). Immaginiamo una figura umana in piedi all'incrocio di tre linee: est-ovest, nord-sud e nadir-zenit. Est rappresenta l'*origine*, la madre e la dimensione esistenziale che la madre assicura e garantisce grazie a uno scudo protettivo in cui il figlio può sentirsi incondizionatamente accolto. Ovest rappresenta il *tramonto dell'illusione* che lo scudo protettivo materno sia impenetrabile e permanente, e

---

[10] René Guénon, *Il simbolismo della croce*, 1931.

quindi la necessità annunciata dal padre di uscirne per far fronte a una realtà in cui occorrerà lottare per sopravvivere. In quanto animale "neotenico", che non cresce mai del tutto, l'essere umano avrà bisogno per tutta la vita sia di basi sicure in cui sentirsi maternamente accolto, sia di un confronto con la realtà che si estende in tutte le direzioni oltre i confini dei suoi spazi protetti. L'asse che congiunge il polo materno dell'accettazione incondizionata e quello paterno del confronto con la realtà è pertanto la linea su cui si gioca la *dialettica dei bisogni primari*.

Una seconda dialettica si gioca sull'asse che divide l'orizzonte congiungendo l'oscurità del polo nord dell'inconscio o dell'ignoto con la solarità del polo sud della coscienza o della conoscenza. Gradualmente l'uomo esce dall'oscurità e inizia a padroneggiare cognitivamente il mondo in cui vive, grazie al pensiero e al linguaggio. La pretesa prometeica di dominare del tutto la vita, demistificando ogni mistero – pretesa che affligge buona parte della scienza moderna – conduce l'uomo nel vicolo cieco in cui perde contatto con l'essenza ignota di cui ogni cosa nota è solo una trasformazione parziale e temporanea, mai una rappresentazione o chiarificazione esaustiva e definitiva. In una sana *dialettica della conoscenza*, invece, ogni acquisizione cognitiva è continuamente rimessa in gioco, ogni sapere è sospeso a favore di un'apertura all'ignoto da cui germinano sempre nuove intuizioni e ispirazioni. L'autorità dogmatica, incapace di questa apertura, si chiude su se stessa illudendosi di aver messo le mani su verità eterne, quando non stringe altro che formule avvizzite.

Infine la *dialettica del desiderio* si sviluppa sull'asse verticale che congiunge la terra con il cielo, o il nadir con lo zenit, e trova nell'asse cerebro-spinale la sua corrispondenza anatomica. La potenza dell'*Eros,* che la mitologia indiana rappresenta come un serpente addormentato alla base della colonna, ha la caratteristica della *pulsione*, cioè di una forza che tende ciecamente allo scarico finché non è destata dalla luce del *Logos*, la forza polarmente opposta che, attirando l'uomo verso l'alto, permette la trasformazione o sublimazione dell'Eros. È in gioco, in questa dialettica, l'*accordo del desiderio con la legge*, in mancanza del quale il desiderio tende all'evacuazione dissipativa e la legge si irrigidisce in comandamento superegoico.

Usiamo la parola *Logos* in primo luogo in senso generale per indicare la logica interna del processo della vita su tutti e tre gli assi, il senso implicito in tutte le *possibilità* di vita (a questo senso ci riferiamo quando parliamo di F in O, fede nel processo: fiducia nelle possibilità implicite in ogni processo vitale). Graficamente sta nel punto all'incrocio dei tre assi, il punto inesteso, l'unità primordiale in cui è contenuto tutto l'universo prima del Big bang. Perché l'infinita potenzialità di mondi, energia, vita possa attualizzarsi, l'uno primigenio deve sdoppiarsi nel suo opposto, il molteplice: come dire che dal punto centrale si dipartono infiniti raggi che si muovono in direzioni opposte. Tutte queste infinite direzioni possono essere ricondotte a un sistema di tre assi cartesiani. Ogni asse rappresenta lo sdoppiamento del Logos secondo le tre modalità primarie. Così, il Logos è sul primo asse il *principio di realtà* che costringe a lasciare la presa su ogni attaccamento affettivo; sule secondo è il *non sapere* che scioglie la fissazione su ogni sapere; ed è la *consapevolezza* che illumina l'Eros sul terzo, sul quale si gioca la *dialettica del desiderio*. Parliamo quindi di Logos in senso lato, come logica implicita in ogni processo, e in senso ristretto, come principio di ordine e di senso che su ciascun asse si esercita su una *matrice* (affettiva, cognitiva, erotica) che, al di fuori della relazione con il principio ordinatore, tende al caos, all'irrigidimento, alla dissipazione[11]. La legge generale del Logos è espressa da Plotino con due parole: *àfele pànta*, distaccati da tutto, perché l'attaccamento alle cose, se non è bilanciato da una forza uguale e contraria di distacco, impedisce al processo dell'esistenza di fare il suo corso.

---

[11] Nel *Vêdânta* la matrice o materia è la "sostanza" (Prakriti), il Logos o spirito è l'"essenza" (Purusha).

Ogni forma di disagio esistenziale può essere intesa nei termini di un *impedimento al processo dialettico* su tutti e tre gli assi. Consideriamo la dialettica tra i poli materno dell'accettazione e paterno del confronto. Il fattore A, accettazione materna, è l'inizio, il fattore inaugurale della cura. Non è solo un inizio cronologico: è un principio strutturale, fondativo della cura in tutto l'arco dell'esistenza, anche se le modalità col tempo cambiano. Il bisogno di sentirci incondizionatamente accolti per come siamo in un momento dato, con tutti i nostri vizi e difetti, ci accompagna dalla culla alla tomba. Per il neonato questo bisogno è assoluto, e qualsiasi mancanza di cure materne ottimali ha un effetto traumatico. Gradualmente la capacità di tollerare dei varchi nello scudo protettivo materno aumenta, e parallelamente si fa sentire il secondo bisogno vitale, quello di esplorare e affrontare autonomamente il mondo: esigenza che il padre incoraggia e promuove, sostenendo il figlio nella lotta contro paure e resistenze . (Ricordiamo che entrambe le funzioni, materna e paterna, possono essere esercitate sia dall'uno sia dall'altro genitore, come da altri adulti presenti sulla scena). Una giusta dialettica tra i due fattori presuppone che entrambi siano disponibili nei tempi e modi richiesti dal processo della crescita. Un bambino che non si sente sufficientemente accettato sarà più riluttante a muoversi autonomamente nel mondo e resistente agli incoraggiamenti a farlo. Un altro che non ha un sufficiente confronto con la realtà resterà intrappolato in aspettative irrealistiche e farà più fatica a riconoscere e accettare i propri limiti. Un giusto dosaggio dei due fattori è tanto necessario quanto raro a trovarsi.

Un bambino che si sente accettato impara ad accettarsi; se è giustamente responsabilizzato, impara ad essere responsabile. Ma è difficile che queste cose accadano senza intoppi. Abbastanza spesso il bambino subisce una discreta pressione ad essere il bambino che i genitori si aspettano, piuttosto che il permesso di – e l'incoraggiamento a – essere se stesso. Consideriamo ad esempio un modello abbastanza diffuso, quello della *madre sacrificale*. È una madre che dà una priorità assoluta alla cura dei figli, subordinando a questa ogni altra esigenza personale e relazionale. La relazione con il marito è tipicamente marginale e superficiale, povera di sostanza propria e arruolata anch'essa all'ideale della cura dei figli. Al terapeuta o al counselor, se ne ha uno, questa donna chiederà di rispettare incondizionatamente la sua scelta, e si opporrà con sdegno a qualsiasi tentativo di metterne in questione la bontà, se non la sacralità. Il dramma di questa donna è che si aspetta, comprensibilmente, riconoscimento e gratitudine per gli sforzi immensi che la sua vocazione al sacrificio la porta a produrre. Ma il riconoscimento, quando c'è, non è mai quello che questa donna si aspetterebbe. Il motivo è che questa scelta, per quanto nobile e ammirevole, ha un nucleo nevrotico che consiste nel creare una relazione totalizzante in cui la madre immagina di mettersi al servizio incondizionato dei figli, quando invece, senza saperlo, mette loro al servizio della sua fantasia di una perfetta unione e sintonia che è irrealizzabile nella relazione con i partner adulti – il marito, il terapeuta, eventuali amanti. Non riuscendo a gestire i conflitti con i partner, si rifugia nella relazione con i figli, che fintanto che sono piccoli non hanno molte possibilità di sottrarsi al gioco.

Il corrispettivo maschile di questo modello, anche se meno popolare in questa epoca di appannamento dell'autorità paterna, è il *padre paternalista*, convinto anche lui di provvedere a tutti i bisogni dei figli, e altrettanto ignaro di quanto invece sta provvedendo ai suoi. Che cosa farà il figlio in queste condizioni? Reagirà facendo il bambino ubbidiente che fa contenti i genitori, o il bambino cattivo che li fa disperare. In entrambi i casi sarà più impegnato a reagire che a essere se stesso. Del resto, i genitori fanno quello che possono, e possono crescere dei bambini liberi solo nella misura in cui sono liberi loro stessi. Una misura mediamente abbastanza modesta, che può migliorare nei casi, peraltro infrequenti, in cui i genitori sono seriamente impegnati in un cammino di liberazione o di risveglio. Ma già Freud includeva l'educare fra i tre mestieri impossibili. Sarà pressoché inevitabile che l'educazione si concluda con un parziale fallimento, cui cercherà di rimediare il secondo mestiere impossibile, quello del curare. Intendiamo qui il curare, come abbiamo precisato più volte, non nel senso della cura medica o medico-psicologica, in cui il paziente è "oggetto" di cure, ma in quello della cura esistenziale che è più esattamente un "prendersi cura" all'interno di una relazione intersoggettiva.

La ricerca di fattori di cura materna e paterna continua virtualmente per tutta la vita, in diversi ambiti relazionali. La crescita avviene grazie al fatto che questi bisogni evolutivi vengono *trasferiti* su nuove relazioni, in particolare su quelle di coppia e di gruppo. Non è scontato, tuttavia, che le persone abbiano la capacità di attivare e sfruttare le potenzialità evolutive di cui pure sono ricche le relazioni naturali. Al contrario: lo sviluppo di questa capacità richiede abbastanza spesso il passaggio più o meno lungo attraverso relazioni professionali di psicoterapia o di counseling. Il trasferimento di questi bisogni evolutivi su nuove relazioni, incluse quelle professionali, corrisponde al concetto più vasto di *transfert* sviluppato all'interno della psicoanalisi relazionale, in contrapposizione con il transfert tradizionale che consiste unicamente nel trasferimento di desideri, fantasie, schemi esperienziali e comportamentali acquisiti nel passato su figure della vita attuale. La differenza sostanziale sta nel fatto che il trattamento di questo transfert richiede anche delle risposte relazionali reali, e non solo interpretazioni come nella psicoanalisi delle origini.

Esploriamo più da vicino la dialettica di questo primo asse del campo. La cura materna fornisce un'esperienza di sicurezza, protezione e accettazione incondizionata grazie a un'immersione *empatica* e *unipatica* nella relazione con il figlio. Entrambi i termini alludono alla capacità di immedesimazione con un'altra persona, ma mentre nell'empatia (in tedesco *Einfühlung*) è mantenuta una distanza tra soggetto e oggetto della percezione, nell'unipatia (*Einsfühlung*) la distanza è temporaneamente annullata nel farsi uno con l'altro, nell'essere una cosa sola[12]. Questa esperienza di comprensione e di unione è necessaria al bambino piccolo per superare la cesura traumatica della nascita e ricostituire la condizione di unità con il mondo di cui non può ancora fare a meno. Dovrà perderla gradualmente, ma per evitare che questa perdita sia un nuovo trauma occorrerà che una figura paterna accompagni il figlio nel processo di separazione. La madre come oggetto di *attaccamento* è altra cosa dalla madre edipica oggetto di desiderio, così come il padre che incoraggia il *distacco* è una figura diversa da quella che proibisce l'incesto – benché nella pratica le due dialettiche si combinino e incrocino in vari modi.

Le cure su questo primo asse nell'età adulta hanno in primo luogo una funzione *riparativa* rispetto agli inevitabili fallimenti empatici e confrontativi delle relazioni originarie. Ma, oltre a questo, servono ad alimentare la *dialettica di unione e separazione* a livelli di progressiva autonomia, dalla dipendenza immatura a quella matura, fino all'interdipendenza e all'intersoggettività (o *inter-indipendenza*, come la chiama Panikkar), la relazione tra persone pienamente autonome. Grazie a queste esperienze di relazione le figure materne e paterne vengono sempre più interiorizzate. Questo significa che la persona impara a farsi madre e padre di se stessa, vale a dire a trovare dentro di sé una sicurezza che ha sempre meno bisogno di appoggi esterni e una autonomia responsabile che non necessita di richiami da parte di figure investite di autorità. Viene così gradualmente a ridursi la frattura tra mondo esterno e mondo interno a favore di una presa diretta sull'esistenza che nelle persone religiose può prendere la forma di un dio che è insieme madre e padre, una dea madre provvidenziale e un dio padre che educa e guida con premi e ca-

---

[12] Mauro Fornaro, *Per una radicale comprensione dell'altro in un'effettiva relazione di aiuto*, 2013.

stighi; mentre un ateo può dire di non aver bisogno di immaginarsi un dio per apprezzare una vita prodiga di doni con chi ha occhi per vederli e braccia per accoglierli, e di indicazioni per chi cerca la strada che lo conduce a se stesso.

Da questa sommaria descrizione emerge abbastanza chiaramente il carattere evolutivo, più precisamente microevolutivo, del processo sul primo asse, se adottiamo la distinzione corrente tra *microevoluzione adattativa* e *macroevoluzione morfogenetica*. La microevoluzione corrisponde ai piccoli passi di adattamento alla realtà, intesa essenzialmente come mondo esterno. La crescita avviene grazie al progressivo abbandono delle illusioni infantili e alla conquista di un posto nel mondo con una serie di adattamenti che significano abbandono, riduzione o modifica delle aspettative in funzione delle richieste della realtà. Un buon adattamento implica una modificazione riuscita delle aspettative, mentre un cattivo adattamento è il prodotto non della risoluzione, bensì della repressione e rimozione del conflitto con la realtà. Per contrasto, un cambiamento macroevolutivo o morfogenetico – proprio del secondo asse – comporta non un adattamento, ma una trasformazione attiva di se stessi e/o del mondo che implica la costruzione o creazione di nuove strutture o forme di vita. Per analogia con l'evoluzione naturale, la microevoluzione adattativa produce delle variazioni nell'aspetto, nel comportamento, nel metabolismo di una specie, utili o necessarie per sopravvivere in un dato ambiente, mentre la macroevoluzione morfogenetica produce novità strutturali tali da definire una forma vivente originale, una nuova specie.

Nel mondo umano la crescita su questa linea corrisponde al passaggio da un'etica pre-convenzionale a una convenzionale, vale a dire all'abbandono progressivo dell'illusione di essere al centro del mondo per sottomettersi alle norme e regole proprie della comunità in cui si vive. Questa crescita naturalmente è problematica, perché non tutte le regole sono giuste, e se anche lo sono in generale possono non esserlo nel caso specifico. Una crescita sana implica pertanto anche la capacità di ribellarsi a tutto ciò che si sente ingiusto. Poiché tuttavia al livello primitivo, preconvenzionale, il senso di giustizia è legato a un senso infantile e irrealistico del diritto, una sana ribellione presuppone lo sviluppo della capacità di sottomettersi alle regole date, indipendentemente dal fatto che siano ritenute giuste o ingiuste. Perché questo avvenga il soggetto (bambino o adulto che sia) deve poter contare su una figura di autorità capace di generare fiducia, in modo da poter dire: non sono ancora in grado di capire se questa cosa è giusta o meno, ma mi fido di chi mi sta educando. Se l'educatore non è capace di generare fiducia, chi è affidato alle sue cure reagirà probabilmente con modalità di falsa sottomissione o di ribellione immatura.

Il secondo asse del modello congiunge i poli del sapere e del non sapere. Non possiamo muoverci nella vita se non padroneggiamo una serie minima di saperi: saper parlare, saper leggere, saper scrivere; saper fare qualche lavoro e sapersi inserire in qualche contesto lavorativo; sapersi relazionare, saper gestire i conflitti, saper trovare un compagno o una compagna – solo per citare i principali. Sull'importanza del sapere nessuno discute. Tutto il gigantesco apparato scolastico e universitario è lì a dimostrarlo. È la necessità del *non sapere* che è molto meno riconosciuta. Eppure basterebbe riflettere un momento sui disastri prodotti dal sapere incapace di autosospendersi. Un uomo impara a far bene un certo lavoro, diventa un manager di successo. La sua attività gli assorbe sempre più tempo ed energie e gli dà grandi soddisfazioni. La relazione con la moglie invece lo assorbe e lo soddisfa sempre di meno. La moglie, dal canto suo, impara alla perfezione l'arte della cura dei figli e della casa, attività che la prende quasi interamente e le piace molto. Pazienza se la relazione con il marito si svuota progressivamente, fino al punto che non hanno più nulla da dirsi se non parlano dei figli e delle vacanze. Entrambi hanno coltivato e sviluppato la forma di sapere in cui sono più dotati e trascurato il resto, in particolare il sapersi relazionare tra di loro, il saper crescere assieme.

Ed ecco il *circolo vizioso*: meno un sapere è coltivato, più uno si sente inadeguato in quel campo, e naturalmente lo è davvero, dal momento che non lo ha mai curato. Più si sente inadeguato, più sta lontano da ciò di cui non si sente all'altezza. Così l'inadeguatezza aumenta, spesso fino a un punto di non ritorno. Se queste due persone avessero dialetticamente bilanciato i rispettivi saperi con giuste dosi di non sapere – vale a dire, se avessero preso le distanze, messo in sospensione, in dubbio o in gioco quello che ciecamente credevano di sapere, per interrogarsi su ciò che non sapevano affatto – non avrebbero tardato a vedere la ristrettezza delle loro vite e il vicolo cieco in cui si infilava il loro matrimonio. Avrebbero continuato a dedicarsi alle cose in cui erano più competenti, ma distogliendo da queste le energie e le risorse necessarie per coltivare anche il settore vitale così improvvidamente trascurato. Coltivare il non sapere vuol dire coltivare uno spazio di silenzio e di ascolto in cui il processo (la vita, il Logos) ci dice tutto ciò che abbiamo bisogno di sapere, purché lo interroghiamo e abbiamo la pazienza di attendere e decifrare le risposte. Nell'armamentario dei nostri saperi occorre inserire il sapere principale che, come non si stancava di insegnare Socrate, è il *sapere di non sapere*.

La dialettica della conoscenza, che si muove tra i poli del sapere e del non sapere, coincide con l'essenza del *cammino filosofico*. Non parlo della filosofia accademica: ritengo si possa chiamare a buon diritto filosofico il cammino di chiunque si muova su questo asse dell'esistenza. Se filosofia è, letteralmente, amore della saggezza, muoversi su questo asse equivale a cercare di essere saggi. Il che non equivale a puntare a una condizione finale di saggezza o illuminazione (ammesso che una cosa del genere esista), ma semplicemente scoprire che *in ogni singolo momento* possiamo cercare di essere saggi, prendendo le distanze da ogni sapere acquisito per metterci in ascolto di ciò che questo preciso momento ha da dirci. Questo non significa che il bagaglio dei saperi acquisiti sia da buttar via. Come ha chiarito Heidegger, correggendo il suo maestro Husserl, tutto ciò che sappiamo ci serve per una *precomprensione* della cosa presente. Prendendo una distanza critica da questa precomprensione, siamo in grado di correggerla, ampliarla o sostituirla con i dati dell'esperienza attuale. La precomprensione facilita la comprensione, e questa a sua volta servirà come precomprensione della prossima esperienza, in quel movimento dialettico tra sapere e non sapere che va sotto il nome di *circolo ermeneutico*.

I saperi che in questa dialettica guadagniamo, e continuamente correggiamo e ampliamo, sono dei tipi più diversi: saperi pratici, scientifici, tecnici, artistici. Il soggetto che si muove liberamente su questo asse non arricchisce semplicemente la sua conoscenza di sé e del mondo, ma scoprendo nel non sapere una fonte di ispirazione, oltre che di intuizione, diventa un *creatore* di nuove forme. Il monito delfico *conosci te stesso* non significa solo *conosci quello che sei diventato*, ma anche *conosci quello che puoi diventare*, conosci le potenzialità che puoi realizzare. La potenza creativa non è onnipotenza, non possiamo creare quello che vogliamo a nostro piacimento. L'onnipotenza è solo una fantasia infantile, che poi l'uomo spesso e volentieri proietta sui suoi idoli o i suoi dèi. La potenza vera è potere di generare a partire dalle potenzialità reali e non illimitate che ogni essere umano può scoprire in se stesso e nella cultura di appartenenza. Mentre sul primo asse il processo ha un carattere prevalentemente microevolutivo, cioè orientato all'adattamento alla realtà, sul secondo asse il processo si arricchisce di una componente macroevolutiva, cioè *morfogenetica*. Cioè evolviamo non solo adattandoci alla realtà, ma realizzando le nostre potenzialità, quindi creando nuove forme e plasmando la realtà in funzione di ciò che vogliamo realizzare. Non ci chiediamo solo che cosa la vita vuole da noi, ma anche che cosa noi vogliamo dalla vita. In una prospettiva etica, passiamo dal livello convenzionale a quello post-convenzionale.

Infine il terzo asse: la linea dell'Eros, del desiderio, della passione. È la linea che più stenta ad affermarsi nella cultura dell'Occidente che ha le sue radici ad Atene e a Gerusalemme. "In principio era la gioia", non la colpa, dice Mattew Fox[13], il frate domenicano espulso dal suo ordine per avere contestato il dogma del peccato originale. I piaceri dei sensi sono sempre stati guardati con sospetto dalla Chiesa, e l'Eros è tollerato a patto che non sia separato dal suo fine naturale, che per la Chiesa (ma non per Solov'ev[14]) è la riproduzione. Il piacere non è accolto molto meglio nella tradizione filosofica dell'Occidente, in cui Epicuro rappresenta un caso isolato e mal visto dai contemporanei. Le conseguenze di questa incomprensione sono che in ambito religioso la gioia di vivere, non trovando molto spazio in questa valle di lacrime, tende a essere rinviata al paradiso che il fedele si guadagnerà in un'altra vita grazie alle sofferenze patite in questa per riscattarsi dalla colpa originaria; mentre in ambito laico il piacere, scansato dal saggio (con l'eccezione di quello epicureo), è cercato con le modalità edonistiche che della saggezza sono esattamente agli antipodi. In entrambi i casi la cura dell'anima passa per la fatica e il dolore, mentre il piacere e la gioia, quando non sono attivamente evitati, certo non sono ricercati come vie per il ritorno a se stessi.

La convinzione per cui Fox è stato condannato – il dato originario è la gioia, non la colpa – è invece una certezza per i rishi upanishadici, che in una parola, *satcitananda*, condensano i tre principi che reggono la vita dell'uomo e dell'intero cosmo, e che sono alla base della struttura tridimensionale che stiamo esaminando. *Sat* è l'essere, la vita: il semplice essere della vita, il puro

---

[13] Andrew Fox, *In principio era la gioia*, 2011.
[14] CdR 6.

vivere dell'essere. *Cit* è la coscienza: la coscienza primordiale, pre-riflessiva, che pervade ogni cosa. *Ananda* è la gioia, la beatitudine: il piacere che accompagna il puro fatto di esistere, di vivere, di respirare. I tre principi sono tre aspetti dell'essere originario: un punto inesteso, l'universo prima del Big Bang, il centro dell'essere da cui si dipartono i raggi orientati nelle sei direzioni polari congiunte dai tre assi ortogonali della croce tridimensionale che tradizionalmente descrive l'Uomo universale. I tre volti rimangono nascosti nel cuore dell'essere; per manifestarsi debbono sdoppiarsi o polarizzarsi in coppie di opposti[15]: i sei punti cardinali dell'universo, o i sei vertici dell'ottaedro generato dai tre assi (due piramidi quadrate congiunte per la base) che rappresenta il campo tridimensionale della cura. Ogni singolo fenomeno dell'uomo e dell'universo risulta dalla combinazione di questi sei princìpi nel gioco dialettico delle coppie di opposti.

 Sat corrisponde al primo asse della croce tridimensionale. Il principio regolatore del movimento su questo asse, che nel linguaggio della psicologia moderna si chiama *adattamento alla realtà*, in un linguaggio più tradizionale è stato chiamato *conformità alla natura dell'essere*, o sintonia con il processo che regola lo sviluppo del fenomeno vivente. Abbiamo parlato di *dialettica dei bisogni primari* in riferimento al fatto che la crescita avviene armonicamente se sono soddisfatti i bisogni fondamentali di sicurezza ed esame di realtà. *Cit* corrisponde al secondo asse della croce, cioè alla *dialettica della conoscenza* tra i poli del sapere e del non sapere. Qui l'uomo prende coscienza di sé non solo come di una forma vivente, ma come di un *creatore di forme*. Infine *ananda* corrisponde al terzo asse, che congiunge i poli dell'Eros e del Logos. Esaminiamo il senso di questo movimento sul terzo asse.

---

[15] René Guénon, *L'uomo e il suo divenire secondo il Vêdânta*, 1925.

L'Eros come forza ascendente che unisce la terra al cielo è stato esplorato magistralmente da Platone, particolarmente nel *Simposio*. Questa forza, lasciata a se stessa, è cieca e si smarrisce facilmente. Ricorre a ogni mezzo, senza escludere i più distruttivi, pur di lenire il dolore della mancanza originaria. Solo quando è illuminato dalla consapevolezza (solo quando il desiderio è governato dall'intelligenza, avrebbe detto Epicuro), Eros ricorda la sua missione e spinge l'uomo sulla via della liberazione o dell'illuminazione, intesa come uscita dall'inconsapevolezza in cui è immerso fintanto che immagina di soddisfare il desiderio infinito con gli oggetti finiti delle passioni umane. Platone, tuttavia, aveva inteso questo processo di liberazione solo in direzione ascendente, dalla terra al cielo, dalla materia allo spirito. Solo in epoca moderna grandi pensatori come Nietzsche, Solov'ev e Aurobindo hanno cercato di completare il lavoro di Platone. L'integrazione del movimento ascendente con il movimento opposto, dall'alto verso il basso, ha permesso di recuperare la relazione dialettica tra i due poli. Viene superata in tal modo la fuga dal corpo verso una spiritualità disincarnata che segna gran parte della metafisica occidentale di matrice platonico-cristiana, a favore di una spiritualizzazione della materia e una divinizzazione del corpo nella vita su questa terra. Tutti e tre questi pensatori hanno indicato la strada del superamento dell'uomo attuale, verso un "superuomo" liberato dai condizionamenti naturali e culturali che lo mantengono in una situazione di incompiutezza[16].

Cerchiamo di capire il senso, la necessità e anche i limiti della cura su questo asse. Nella prospettiva che stiamo esplorando il disagio deriva come sugli altri due assi da un difetto nella relazione dialettica tra i due poli, e si manifesta qui in una tendenza all'erotismo sregolato, evacuativo e potenzialmente distruttivo, o all'opposto nell'inaridimento doveristico di una vita priva di passioni. Bisogna vedere innazitutto nell'Eros la forza propulsiva

---

[16] Per un'esposizione più ampia di queste tematiche, v. CdR 6.

delle più grandi imprese umane. Occorre letteralmente innamorarsi del proprio lavoro, della propria famiglia, del cammino che si compie con la propria compagna o il proprio compagno, perché queste cose abbiano pienamente senso e sviluppino le potenzialità di cui sono dotate. Naturalmente è possibile innamorarsi anche di una squadra di calcio (una malattia chiamata tifo), degli abiti firmati, delle macchine veloci, della carriera, del potere, del proprio io (un'altra malattia che si chiama narcisismo) e di molte altre cose in cui il nostro Eros può impigliarsi e rimanere invischiato. Può anche essere che gli oggetti del nostro amore siano giusti (la nostra donna, i figli, il lavoro), ma il nostro coinvolgimento sia inappropriato, perché possessivo o esclusivo. Insomma, se la consapevolezza non lo illumina, l'Eros è destinato a perdersi su oggetti sbagliati o a rovinare investimenti in linea di principio giusti, ma guastati da morbosità.

Dall'altro lato, ben conoscendo i pericoli che seguono all'abbandonarsi al potere di Eros, le persone timorose e ben pensanti cercano di imbrigliarlo e costringerlo a starsene buono e docile nei recinti previsti dalla legge e dal buon costume, col risultato di reprimerlo e produrre gli effetti così ben studiati da un secolo di psicoanalisi – perché naturalmente l'Eros non ne vuol sapere di starsene buono al posto che gli è stato assegnato, e troverà ogni sorta di vie nevrotiche al soddisfacimento. Le domande chiave della cura saranno allora: dov'è il nostro desiderio? Che cosa ne abbiamo fatto? Che cosa ne vogliamo fare? Il solo fatto di esporre i nostri investimenti (e disinvestimenti) erotici alla luce della consapevolezza ha il potere di liberare le energie soffocate o bloccate e renderle disponibili per una trasformazione profonda che va al di là del processo maturativo e formativo che abbiamo visto sui primi due assi. È un evento di *rinascita*, o seconda nascita, che da una parte è desiderato come la cosa massimamente desiderabile per un essere umano, dall'altra è temuto come ciò che è massimamente temibile, perché naturalmente la nascita dell'uomo nuovo implica la morte di quello vecchio: *"Tu devi voler bruciare te stesso nella tua stessa fiamma: come potresti volere rinnovarti, senza prima essere diventato cenere!"* è una frase di Nietzsche che cito spesso.

Due cose essenziali debbono essere tenute presenti per il lavoro su questo asse. Innanzitutto la seconda nascita di cui parliamo qui non è un evento unico che si verifica un bel giorno in sala parto, per cui l'umanità si dividerebbe in due categorie: i rinati (Eckhart Tolle e pochi altri) e il resto del mondo (tutti gli altri). La "nascita eterna" è un evento che non riguarda solo il Nazareno, diceva il grande Meister Eckhart, ma è per ogni uomo di ogni tempo che pratichi il distacco – che segua la legge generale del Logos come l'abbiamo definita sopra, seguendo Plotino. L'importante è arrivare a *concepire il desiderio* di questa nuova nascita. Questo concepimento allora produce un piccolo embrione che, se giustamente protetto e nutrito, pian piano cresce e si sviluppa, e un giorno potrà anche venire effettivamente alla luce. A questo viaggio verso la nuova nascita si applica specialmente il principio per cui ogni passo è già la meta: qualcosa nasce in noi ogni giorno, se ci prendiamo cura adeguatamente del nostro piccolo embrione. Come in un vero embrione/feto, il cui sviluppo può essere seguito in ecografia: ecco gli è spuntato un ditino che la settimana scorsa non si vedeva ancora!

La seconda cosa è per lo più sfuggita ai tre pensatori inattuali che ho ricordato. Questi grandi hanno fatto un lavoro magnifico sul terzo asse, ma spesso al prezzo di trascurare seriamente i primi due. Nietzsche, in particolare, ha pagato personalmente cara questa trascuratezza. Non è consigliabile lanciarsi temerariamente nell'impresa di mettere al mondo il figlio dell'uomo (o superuomo, o oltreuomo) se non si è prima trovato un equilibrio sufficiente sui primi due assi, della maturazione e formazione psicologica, cosa che richiede cure assidue e spazi relazionali adeguatamente forniti dei relativi fattori di crescita. Il surriscaldamento del terzo asse, se i primi due non sono sufficientemente solidi da reggere l'incendio, può avere effetti disastrosi. Ma, anche senza puntare così in alto, un equilibrio sulle tre linee di crescita è quanto mai raccomandabile. Molti, nella ricerca di un o una partner, si fanno giustamente guidare dal desiderio e dalla passione, ma non sempre rivolgono un'attenzione almeno equivalente ai bisogni psicologici primari e al dialogo. Eppure, se la base è il desiderio, e non c'è una cura altrettanto robusta sugli altri due assi, la prognosi della relazione è almeno riservata, se non probabilmente infausta.

3.

Il quarto asse

Mentre la scienza della cura procedurale è tendenzialmente *prescrittiva* (cioè prescrive che cosa si deve fare in determinate condizioni) quella della cura processuale è prevalentemente *descrittiva*: disegna delle mappe che il terapeuta e il counselor utilizzano per orientarsi nel campo, decidendo poi il da farsi momento per momento in base alle indicazioni del contesto e del processo e non in base a manuali o linee guida, come nel modello medico della cura. La nostra mappa a quattro vertici descrive il campo definito dai due assi principali della cura, quello dell'adattamento e quello della formazione. Solo negli ultimi anni abbiamo dato profondità alla nostra mappa rendendola tridimensionale con l'aggiunta di un terzo asse perpendicolare al piano dei primi due. Il fatto che questa aggiunta sia stata tardiva si può spiegare con l'evoluzione del campo della cura sia in ambito naturalistico che nella psicoanalisi.

 In entrambi gli ambiti la storia inizia con un solo asse. Questo è evidente nella famiglia, dove le figure materna e paterna sono i referenti unici della cura. La madre rappresenta la base sicura, il polo dell'accettazione incondizionata, mentre il padre, intromettendosi e spezzando la simbiosi madre-bambino, indica la necessità del confronto con la realtà. L'obiettivo di questa prima fase è di fornire al bambino la sicurezza necessaria per affrontare la perdita graduale delle illusioni infantili e conseguire un buon adattamento alla realtà. Gli obiettivi delle fasi successive sono impliciti in questa prima fase, ma diventeranno espliciti solo con l'uscita dallo spazio famigliare. La formazione inizia propriamente nell'ambito scolastico, dove il bambino acquisirà passo per passo i saperi di cui ha bisogno per sviluppare la propria mente e trovare il proprio posto nel mondo. La scuola tradisce la sua missione formativa quando è solo o prevalentemente informativa, limitandosi a riempire gli allievi di nozioni senza provvedere a sviluppare la coscienza riflessiva e critica, cioè la capacità di sospendere ogni sapere stabilito per aprirsi allo spazio del non sapere in cui inizia ogni ricerca originale e ha luogo ogni formazione autentica. Il terzo asse, del desiderio o della passione, è certamente implicito nelle prime due – basti pensare alla sessualità infantile. Ma l'Eros entra apertamente in scena solo con la pubertà. La dialettica qui è tra i due poli dell'Eros e del Logos, o del desiderio e della consapevolezza. È un movimento problematico, perché troppo spesso Eros e Logos non si incontrano, col risultato che l'Eros segue vie evacuative o si lega a oggetti ideali irraggiungibili. Il Logos non illumina questo Eros, o al contrario lo illumina troppo, spegnendolo.

Un percorso evolutivo simile lo troviamo nella psicoanalisi. Nessuno discute sul fatto che la psicoanalisi sia una creatura di Freud, uomo di genio che sarà ricordato nei secoli per avere scoperto due elementi fondamentali della cura: il transfert e la resistenza. Con tutto il suo genio, tuttavia, Freud non era un pensatore dialettico. A mio parere la psicoanalisi come processo dialettico inizia solo con l'analista ungherese Ferenczi negli anni Venti del secolo scorso. Troviamo in effetti in lui il primo riconoscimento della polarità materno-paterna come fondamento della cura. Freud, troppo "paterno", non aveva la distanza sufficiente per coglierla. Solo con Ferenczi l'elemento materno entra sulla scena psicoanalitica con forza tale da permettere di collocarlo sullo stesso piano di quello paterno come due poli dello stesso asse, due fattori primari che debbono integrarsi in ogni momento della cura per favorire una crescita ottimale. In questo primo inizio del percorso dialettico l'asse materno-paterno include implicitamente gli altri due, proprio come avviene per il bambino nella prima fase del suo sviluppo. Per la separazione chiara del secondo asse dal primo occorrerà attendere il periodo post-freudiano, perché l'idealizzazione compiuta da Freud del lavoro interpretativo, propriamente analitico, a scapito della dimensione affettiva, supportiva e riparativa della relazione, impediva il riconoscimento dei due livelli o assi come ugualmente essenziali per la cura. Un evento che diede un contributo decisivo a questo riconoscimento fu, a mio parere, la ricerca di Topeka, mirabilmente seguita e documentata da Wallerstein[17]. Progettata per dimostrare empiricamente la superiorità dell' "oro" della psicoanalisi sul "rame" della psicoterapia, ribaltò gli assunti di partenza mostrando che gli interventi di tipo "supportivo" (in cui l'analista svolge funzioni simili a quelle genitoriali) erano non meno importanti di quelli di tipo "espressivo" (in cui l'analista svolge una funzione di conoscenza dell'inconscio) ai fini del risultato.

Per quanto riguarda il terzo asse, posso segnalare almeno l'inizio di una presa di coscienza della sua paradossale assenza nel campo psicoanalitico, grazie a due articoli di Fonagy e Stein[18] del 2008 e al dibattito in rete che ne è seguito. Segni di eccitamento sessuale molto spesso non sono ben accolti, né dalla madre nel bambino, né dall'analista nel paziente. La madre distoglie lo sguardo (*looks away*), l'analista interpreta di regola come difensiva l'erotizzazione del rapporto – non sempre, ma abbastanza spesso da fare di questo diniego un tratto tipico della cura parentale come di quella analitica. I genitori, al pari degli analisti, tendono a evitare il coinvolgimento in un legame erotico con figli e pazienti, per paura di diventare abusivi o di essere giudicati tali, in primo luogo da loro stessi. Il bambino percepisce questo evitamento, cosa che favorisce l'alienazione dell'esperienza erotica, che di conseguenza prende un marchio trasgressivo sin dall'inizio. Il desiderio, non potendo essere legittimamente accolto (in

---

[17] Robert S. Wallerstein, *42 Lives in Treatment*, 2000. 42 pazienti, la metà in psicoanalisi propria e l'altra metà in psicoterapia analitica, furono seguiti, tra terapia e follow-up, per trent'anni.
[18] Fonagy, 2008, Stein, 2008.

modo non abusivo, ma come gioco funzionale alla crescita) assume una forma pulsionale, cioè diventa un'energia scissa dalla relazione che cerca solo lo scarico. Data la "normalità" di questo esito, Freud vide il bambino come un "perverso polimorfo" per costituzione originaria. Fairbairn, analista scozzese, fu il primo, negli anni Trenta del secolo scorso, a confutare questa teoria scoprendo nella libidio sessuale un'energia diretta primariamante alla relazione, e non allo scarico. Questa scoperta, tuttavia, non ebbe effetti significativi sulla pratica, né la sua né quella degli altri analisti. Credo che questo sia la conseguenza del fatto che nessuno nel campo psicoanalitico sia giunto a vedere quello che ha visto Solov'ev: la funzione primaria dell'energia erotica nel genere umano non è quella di generare figli, ma di generare l'uomo nuovo. Solo in questa prospettiva il terzo asse può essere detto asse della *trasformazione*.

Un sistema di tre assi ortogonali definisce un universo spaziale, fisico o metaforico. Nel primo possiamo fissare con precisione la posizione di un oggetto in un momento t. Se l'oggetto è un aereo partito dall'aeroporto di Orio, per trovarsi in quella posizione in quel momento deve aver viaggiato per un certo tempo su una certa rotta. In altre parole, non si può parlare di un universo spaziale senza riferimento al tempo: l'universo è una cosa spazio-temporale, è un *processo quadridimensionale* in cui ogni punto è un *evento*. Lo spazio-tempo è il tessuto che avvolge o contiene l'universo fisico, e ha quattro dimensioni: destra-sinistra, avanti-dietro, alto-basso, prima-dopo, tutte numerabili e misurabili con esattezza. Dell'universo esistenziale abbiamo descritto le tre dimensioni che definiscono lo spazio della cura o dell'esistenza, o dell'esistenza come cura: base sicura-confronto di realtà, sapere-non sapere, Eros-consapevolezza, che corrispondono ai tre assi dell'adattamento, della formazione e della trasformazione. Ci resta da definire la quarta: come dobbiamo intendere il tempo dell'esistenza?

La prima cosa da osservare è che il tempo dell'esistenza è un *tempo finito*, chiuso tra la nascita e la morte. Della finitezza della vita, quindi del suo legame essenziale con la morte, si sono occupati due grandi pensatori vissuti nello stesso periodo: Heidegger e Florenskij, uno tedesco e l'altro russo, uno colluso con il nazismo, l'altro rinchiuso nel gulag staliniano e infine fucilato come controrivoluzionario. «L'esistenza nel tempo è per natura sua un morire, un'avanzata lenta ma ineluttabile della morte», scrive Florenskij. «Perché il tempo è la forma della *transitorietà* dei fenomeni ... Il tempo, *chrònos*, produce fenomeni, ma come Chrònos, il suo archetipo mitologico, divora i propri figli. L'essenza stessa della coscienza, della vita, di ogni realtà, sta nella transitorietà». Ogni cosa che nasce è destinata a morire, e la transitorietà di ogni cosa ci avverte che non possiamo contare sulla permanenza delle cose che ci sono più care. Se ignoriamo questo avvertimento, viviamo in una condizione che diversi osservatori hanno chiamato ignoranza, errore, illusione, sogno. Se lo ascoltiamo, iniziamo un cammino di risveglio o accediamo, come dice Heidegger, alla "esistenza autentica".

La seconda caratteristica essenziale del tempo, dopo la transitorietà, è la *storicità*. Sia Florenskij che Heidegger hanno insistito sull'unità estatica di presente-passato-futuro come essenziale per cogliere il senso di qualsiasi fenomeno. Un aereo non se ne sta sospeso nel cielo: è partito da un aeroporto e segue una certa rotta che lo porterà ad atterrare in un altro aeroporto. Inizio e fine del viaggio. Lo stesso vale tanto per la goccia d'acqua che si è separata dal mare con un'onda spumeggiante e tornerà da dove è venuta al termine di una breve parabola, quanto per l'essere umano che è nato in un certo giorno e morirà dopo una traiettoria più o meno lunga. Storicità e transitorietà sono legate dal fatto che ogni cosa che esiste è in transito in un percorso che ha un inizio e una fine. Dove siamo, da dove veniamo e dove siamo diretti sono le domande cruciali per cogliere il senso della nostra vita. Ma quando in questo percorso riusciamo a cogliere l'Intero, come lo chiama Florenskij, ovvero l'Uno nella molteplicità degli eventi che compongono una vita, l'essenza che raccoglie in un insieme i frammenti che presi separatamente sono privi di senso, ciò che si rivela allo sguardo interiore non appartiene più al tempo comunemente inteso, al tempo cronologico, ma a un altro tempo: percepiamo la cosa *sub specie aeternitatis*, per dirla con Spinoza. È l'essere che si rivela nella temporalità della storia, nelle parole di Heidegger, è l'invisibile che si mostra nel visibile, in quelle di Florenskij. Nella trama del tempo ordinario, soprattutto quando è logora, lacerata, quando espone la precarietà irrimediabile dell'esistenza, traspare il tempo che salva e redime, quel tempo che i Greci chiamavano *aiòn*.

I Greci avevano tre parole per dire il tempo: *aiòn, kairòs, chrònos*. Chrònos è il tempo che scorre dal passato al futuro in una successione di attimi inafferrabili ma rigorosamente misurabili su qualsiasi cronometro. Aiòn è il principio creatore, eterno e inesauribile – *aiòn è un fanciullo che gioca*, secondo un celebre frammento di Eraclito. Kairòs è il tempo opportuno, la breccia nel tempo cronologico da cui si può accedere all'eterno presente, la messa in crisi di ogni identità troppo rigida, una frattura nell'ordine del reale in cui si affaccia il possibile. Sul primo asse kairòs è un evento che invita o costringe a uscire dalla base sicura per affrontare la realtà del mondo. Sul secondo è l'attenzione al contesto che sospende gli schemi percettivi abituali, o l'irruzione di accadimenti che sconvolgono l'assetto dei saperi stabiliti. Sul terzo è un evento passionale che disorienta e spiazza, in cui qualcosa di noi rischia di morire ma qualcos'altro può venire al mondo. Chrònos è il tempo della terra, aiòn il tempo del cielo, e kairòs[19] il canale che li mette in comunicazione. Ma perché questo

---

[19] Curiosamente Galimberti non prende in considerazione aiòn nella sua analisi della concezione del tempo presso i Greci. Per lui kairòs è certamente il tempo opportuno, ma non sulla linea che congiunge chrònos con aiòn, bensì su quella "scopologica" degli scopi "a portata di freccia": kairòs è il tempo opportuno

canale sia attivato occorre che l'opportunità offerta dalla crisi sia colta.

Kairòs è una spina nel fianco, un elemento di disturbo nell'organizzazione ben ordinata della nostra esistenza. È l'evento che mette in crisi, destabilizza – non necessariamente l'evento attuale, può bastare la sua possibilità. Perdo il lavoro, o rischio di perderlo perché la mia azienda è in crisi. Mi ammalo, o potrei ammalarmi perché non mi sento troppo bene. Una persona cui sono molto legato mi lascia, o ci sta pensando. Un'altra su cui faccio molto affidamento mi delude, o prima o poi mi deluderà. Questo è kairòs, un personaggio non troppo simpatico. Non vorremmo mai averlo tra i piedi, ma è inutile. Riesce sempre e comunque a infilarsi nella nostra vita, o almeno nei nostri pensieri. Impossibile sbarazzarcene. Possiamo cercare di annegarlo con mezzi chimici o mediatici, ma non c'è niente da fare. Quando la sbornia passa lui è lì, implacabile più di prima. Rendersi conto che non riusciremo mai a liberarci di lui è il primo passo. Capire che oltre a metterci in crisi ci offre anche un'opportunità è il secondo.

Possiamo intendere questa opportunità nei modi corrispondenti ai nostri tre assi. *Sul primo, ogni crisi è un'occasione di adattamento.* La tua azienda ti mette in cassa integrazione: ti alleni a ridurre le spese e a vivere con poco. La fidanzata ti lascia: affronti un periodo di solitudine, impari a cavartela da singolo. Devi fare uno stage in un paese sconosciuto: studi i costumi locali e ti adegui. Sono tutte occasioni di rafforzamento dell'io, di aumento della capacità di affrontare realtà non abituali. *Sul secondo asse la crisi di un sapere offre la possibilità di sviluppare nuovi saperi.* La tua ditta ti licenzia: ti inventi un lavoro autonomo. Quello che sta succedendo ti è incomprensibile: ne approfitti per allargare il

per scoccare la freccia e uccidere la preda. È, in altre parole, il tempo della tecnica, e della scienza al servizio della tecnica. Non collocando kairòs tra chrònos e aiòn, Galimberti non può cogliere l'opportunità della liberazione da chrònos, e non sembra vedere altro che l'asservimento ineluttabile al tempo della tecnica (Umberto Galimberti, Il mito della tecnica, in *I miti del nostro tempo*, 2009).

tuo orizzonte mentale. Nello stagno in cui vivi le papere ti rifiutano perché dicono che sei un brutto anatroccolo: cambi stagno e scopri di essere un cigno. *Sul terzo asse la perdita di un oggetto di amore è l'occasione per trovarne un altro.* Tuo marito ti tradisce: ti iscrivi a una scuola di cura di sé e diventi una bravissima counselor. Non trovi la donna ideale: smetti di cercarla e trovi la donna che fa davvero per te. La tua vita sta finendo: scopri qualcosa che non morirà con te e che ti accende più di tutto ciò che lasci. In tutti i casi la crisi è un'opportunità di rafforzamento, di crescita, di nuove passioni.

Naturalmente, nessuna di queste possibilità si realizzerà con certezza. La crisi è un'opportunità, ma anche un rischio. Sappiamo che cosa abbiamo perso, stiamo perdendo o potremmo perdere: non sappiamo che cosa troveremo. Tuttavia, se la vita è ora, e quello che c'è ora è la crisi, è ora che dobbiamo trovare un senso a ciò che accade, non in un futuro di cui non sappiamo nulla. Questo significa che *la crisi deve essere un'opportunità adesso,* indipendentemente da quello che accadrà domani: altrimenti kairòs sarebbe solo una scommessa, e non anche una promessa. Ma che cosa ci può offrire la crisi di per sé, a prescindere da come si risolverà? Ogni crisi è un'opportunità per accedere all'*esistenza autentica.* Una entrata che Heidegger non collega al realizzarsi di una possibilità specifica, ma piuttosto all'evento finale che annienta ogni possibilità: la morte. La certezza della fine è generalmente banalizzata: si muore prima o poi, ma la cosa in questo momento non mi riguarda. Non ha significato per la mia esistenza attuale. Ci penserò quando sarà imminente, ma fintanto che la presumo lontana, non ci penso. Perché mai anticiparla con il pensiero? Perché mettermi di fronte alla radicale impotenza rappresentata dalla morte?

La risposta è che nell'accettazione anticipata della morte io perdo tutto, eppure questa perdita è liberatoria: *l'accettazione della morte mi libera dall'attaccamento a tutto ciò che, morendo, perdo.* La vita inautentica è quella fondata su attaccamenti di ogni sorta: i genitori, i figli, il o la partner, il successo, la carriera, l'immagine, il potere... La vita ha senso in quanto e finché qualcuno mi ama, la mia immagine tiene, raggiungo gli obiettivi che mi sono dato. Io esisto in quanto figlio o genitore o professionista o crocerossina, non importa quale sia la cosa il ruolo o la missione con cui mi sono identificato. Questa è la vita inautentica. Io mi affaccio alla mia verità solo nel momento in cui mi spoglio di tutto: non in termini concreti o letterali, ma nel senso di prendere le distanze da tutto ciò con cui mi sono identificato. Occorre tener presente che non è l'identificazione in sé il problema, ma solo quella identificazione che, non essendo bilanciata dialetticamente dal movimento opposto di disidentificazione, produce un senso di identità rigida la cui strenua difesa diventa una questione di vita o di morte. In effetti ciò che angoscia non è tanto la morte fisica, quanto la morte dell'ego, se intendiamo per ego l'io prigioniero di una identificazione qualsiasi. Anzi, la morte fisica può essere cercata come estrema difesa dalla morte dell'ego, cosa di cui schiere di suicidi danno continua testimonianza.

Per questo Heidegger poteva affermare, sulla scia di Kierkegaard, che l'angoscia è il sentimento che più di ogni altro ci riconduce a noi stessi. Nell'angoscia noi sentiamo il soffio gelido della morte, che può essere proprio la morte fisica per qualcuno che non riesce a salire su un aereo, ma in generale è la morte dell'ego, la perdita delle nostre identificazioni più care. La vita autentica, ricorda Mancuso[20], è la vita libera. Libera da che cosa? Da noi stessi, dal nostro falso sé, dal nostro ego. Se vivo per il mio lavoro e il mio lavoro fallisce, mi sento morire. Se vivo per una donna e questa donna mi tradisce o mi lascia, mi sento morire. Se vivo per i miei figli e i miei figli si ammalano o non sono all'altezza dei miei sacrifici, mi sento morire. Questa angoscia mortale è devastante, intollerabile. Deve essere cancellata con ogni sorta di ansiolitici chimici o mentali, oltre che di manovre tese

---

[20] Vito Mancuso, *La vita autentica*, 2009.

ad annientare la minaccia di essere posti di fronte al nostro nulla. In questo modo noi falsifichiamo l'esistenza: perché la morte, intesa come precarietà di tutto ciò che sostiene la nostra vita, è nel cuore della vita stessa, è dentro di noi. Negarla vuol dire negare la verità della vita e la verità di noi stessi.

Arriviamo così al *paradosso centrale della cura di sé*, perfettamente colto dal monito evangelico "chi vuole salvare la propria vita la perde". In ultima analisi, la cura autentica di sé è un morire a se stessi. È un concetto che deve avere ben chiaro chi vuole diventare un professionista della relazione di aiuto. Perché quale che sia l'aiuto che viene richiesto al terapeuta o counselor – spesso è un piccolo problema, che il cliente spera di risolvere in fretta e senza mettere in gioco nulla della sua vita – il disagio che il cliente gli porta è sempre la spia di un disagio più profondo, di cui il cliente spesso non sa nulla, di cui il più delle volte *non vuole saper nulla*. Se, pur con tutte le cautele, il terapeuta cercherà di aprirgli gli occhi al male profondo che si porta dentro, all'ombra di morte che minaccia tutto quanto ha di più caro, lui probabilmente li chiuderà ancora più strettamente. Se poi, pur con tutta l'empatia e la gentilezza di cui sarà capace, insisterà almeno un poco prima di rinunciare e lasciarlo andare, lui non di rado si arrabbierà e reagirà minacciando di andarsene o attaccandolo, tanto più duramente quanto più si sentirà minacciato. Dirà che non si sente ascoltato, che il terapeuta non capisce il suo problema, anzi che non capisce niente. Cercherà di umiliarlo e mortificarlo, e la sua soddisfazione dopo un colpo ben assestato, quando lo vedrà accusare il colpo, sarà ben percepibile.

È bene riflettere bene su questa situazione che non risparmia nessun professionista delle relazioni di aiuto. Uno psicoanalista piuttosto noto mi ha confessato una volta di tollerare male questa situazione, che nel gergo psicoanalitico si chiama "transfert negativo", e di cercare sempre di evitarla o di sottrarvisi, quando si presenta. In che modo? L'ho sperimentato direttamente con la mia prima analista, una quarantina di anni fa. Sembrava che ci intendessimo bene, io la stimavo e lei ricambiava la mia stima. Però un certo suo modo di fare mi irritava, e una volta reagii in modo decisamente aggressivo, accusandola di soffocarmi con troppe parole e dicendole che l'avrei voluta più silenziosa. L'analista ci rimase così male che mi disse di non poter continuare a lavorare con me. Non importa qui stabilire quanto la mia reazione fosse almeno in parte giustificata dall'eccessiva loquacità dell'analista, e quanto fosse da attribuire al mio sentirmi minacciato dalle sue parole (a distanza di anni propendo per la seconda ipotesi). Il punto è che l'analista non riuscì a sopportare il momento in cui la nostra alleanza si incrinò ed emerse la mia parte distruttiva. Per la mia esperienza personale posso testimoniare che è possibile diventare psicoanalisti rispettati e celebrati senza avere risolto questa difficoltà. A rigore, quindi, è possibile diventare dei counselor o degli analisti stimati e apprezzati senza aver superato questo scoglio: ma questo non accadrà a chi sceglierà di praticare una cura *radicale* del disagio esistenziale come ho cercato di descriverla. Cioè a chi non si accontenterà di aiutare i clienti a diventare persone ben adattate e magari anche creative, ma avrà l'ambizione e l'ardire di aiutarli a diventare delle persone autentiche, cioè libere.

Io non credo che sia realistico pensare di poter prendere la decisione esistenziale definitiva e incrollabile di essere persone libere o autentiche. Credo che ognuno di noi voglia esserlo, ma essendo questa volontà contrastata da ogni sorta di resistenze provenienti dalle parti di noi decise a non lasciare la presa sulle cose o le aspettative con cui sono identificate, la conseguenza sarà che il nostro cammino di risveglio o di liberazione sarà molto più lento e accidentato di quanto vorremmo. Lo stesso Heidegger, profeta dell'esistenza autentica, fu catturato dalla sciagurata fantasia di diventare la guida spirituale del movimento hitleriano. Ma, indipendentemente da questo tragico incidente di percorso, basterebbe la sua scrittura contorta, fatta apposta per intimidire e soggiogare il lettore, a svelare l'ego ipertrofico di cui il filosofo non riuscì mai a liberarsi, nonostante la sua intelligenza geniale e la ricchezza straordinaria dei contributi di pensiero di cui gli siamo, nonostante tutto, riconoscenti. Un discorso analogo si potrebbe fare per Lacan, altro pensatore tanto geniale quanto chiuso in uno stile linguistico atto a sedurre e mettere in soggezione – uno stile che del resto ben rifletteva il dispotismo carismatico con cui gestiva la sua scuola. Questi grandi ci insegnano che non basta essere grandi filosofi o psicoanalisti, se poi non si è capaci di mettersi in discussione in un vero dialogo: *non c'è esistenza autentica senza dialogo autentico.* Di qui la nostra insistenza sulla creazione di spazi relazionali atti a ospitare tutti i fattori della cura di sé di cui non cesseremo mai di aver bisogno.

Che cosa cambia nella nostra visione della cura l'introduzione del quarto asse, l'asse del tempo? La semplice presenza di chi non sa da dove viene né sa dove sta andando è una presenza povera, monca. Non si tratta di lasciare il presente per ritirarsi nel passato o fuggire nel futuro: al contrario, si tratta di dare senso al presente grazie alla comprensione di ciò che lo unisce a ciò che è stato e ciò che sarà. Una comprensione mai definitiva ma sempre aperta grazie alle domande: da dove vengo, dove sto andando?, che danno significato e profondità al mio essere qui e ora. Grazie a questa indagine continua riusciamo a poco a poco a vedere che al di là degli spostamenti contingenti la nostra vita è un cammino di risveglio o di liberazione, e che in questo cammino ogni passo è kairòs, un'opportunità di consapevolezza, di risveglio dal sonno dell'identificazione, di una relazione con il mondo che è resa fluida dalla libertà da ogni attaccamento. Fintanto che non ne abbiamo fatto il nostro compagno, kairòs ci appare come un intruso, un invasore, una presenza ostile che viene a turbare la pace e la stabilità della nostra vita, un sabotatore dei nostri piani ben congegnati. Dopo, la nostra presenza nello spazio descritto dai tre assi cambia di qualità.

Sul primo asse ogni momento è un'occasione di adattamento a qualche contrarietà, di superamento di noi stessi grazie all'abbandono di qualche pretesa, che forse non pensavamo nemmeno di avere, che il mondo si adegui alle nostre aspettative. È un'opportunità che possiamo cogliere per essere più leggeri, più sobri, più forti. Sul secondo impariamo a muoverci nella vita rispondendo al processo e al contesto invece che secondo schemi fissi, e ogni imprevisto è un'apertura sul non sapere da cui emergono intuizioni e ispirazioni per la costruzione di nuovi saperi e la generazione di nuove forme. Sul terzo la vita diventa un'avventura appassionante, e ogni delusione amorosa è lo spazio in cui l'esistenza, se siamo pronti a coglierne i segni, ci indica nuovi amori, nuove passioni. Tra queste, anche quella suprema dello sciamano, il primo passo della triade passione-morte-rinascita[21]. In questa prospettiva vediamo un grande sciamano anche nel maestro di Galilea: non un dio da mettere sugli altari, ma un uomo come noi che con la sua vita, passione e morte ha dato testimonianza di una via seguita da pochissimi, benché moltissimi si dicano suoi seguaci.

Possiamo comprendere il quarto asse allo stesso modo dei primi tre. L'essere originario immanifestato – l'universo prima del Big bang – per manifestarsi deve sdoppiarsi nel suo opposto. Abbiamo visto questa polarizzazione sui tre assi della croce tridimensionale che rappresenta l'uomo universale, la vediamo ora sulla quarta dimensione: l'originario si sdoppia sull'asse del tempo in aiòn, l'eterno fanciullo fonte di tutte le possibilità, e chrònos, la temporalità in cui si realizzano tutte le manifestazioni. Kairòs è il punto temporo-spaziale di congiunzione tra ogni possibilità e la sua attuazione, un evento (*Ereignis*) definito dalle quattro coordinate esistenziali come la posizione dell'aereo partito da Orio è definita dalle quattro coordinate dell'universo fisico x, y, z, t.

---

[21] Eliade, *Lo sciamanismo e le tecniche dell'estasi*, 1974.

4.

La ricerca

Abbiamo visto che il tempo dell'esistenza è kairòs, il tempo opportuno, e che ogni singolo momento è kairòs. Ogni istante è dotato del "potere di adesso" (Eckhart Tolle), ogni momento in ogni circostanza offre l'opportunità di attingere alla sorgente del potere generativo e risanativo. Con questo non voglio dire che il tempo kairologico scorra uniformemente come quello cronologico, in cui ogni istante è identico a quello che lo precede e a quello che lo seguirà. No, ogni istante è diverso da ogni altro, ognuno ha la sua particolarità che possiamo cogliere o non cogliere. Kairòs è *il tempo opportuno che congiunge il reale al possibile, o il visibile all'invisibile*, ma bisogna coglierlo al volo, o l'opportunità è perduta (a questo allude l'immagine mitica di Kairòs, raffigurato come un giovane con un ciuffo sulla fronte e rasato sulla nuca: una volta passato, non riusciamo più ad acchiapparlo). Nell'ultimo seminario ho sottolineato l'importanza di cogliere un'opportunità in ogni contrarietà, piccola o grande. Il senso in questi casi è evidente: si tratta di essere protagonisti della propria vita, e non vittime delle circostanze. Ma le opportunità si presentano anche negli episodi più banali. Per esempio qualche settimana fa ho chiesto una linea telefonica per la nuova casa. Pochi giorni dopo mi ha telefonato il tecnico per fare l'allacciamento. Gli ho chiesto se si poteva rinviare di un paio di settimane, dal momento che il telefono non mi serviva subito. Non c'è problema, dice il tecnico. Non l'ho più sentito. Ho chiamato io e ho scoperto che il contratto era stato annullato. Ho dovuto rifarlo da capo, con perdita di denaro e soprattutto di tempo, speso a contemplare la nuca rapata di Kairòs. Morale: la vita è piena di piccoli fastidi di questo tipo, che potremmo evitare se fossimo più pronti ad afferrare Kairòs per il ciuffo.

Un'altra cosa da tener presente è che il tempo kairologico ha un andamento tipicamente ciclico. Il ciclo più grande, che contiene tutti gli altri, è quello che va da nascita a morte. Venire al mondo è una grande opportunità, e molti se ne vanno con la sensazione di averla sprecata. Per ridurre la probabilità che accada anche a noi, è utile chiedersi spesso: che cosa ci faccio al mondo? perché sono qui? Ed è utile applicare questa domanda non solo al grande ciclo, ma anche a tutti quelli più piccoli che scandiscono la nostra esistenza. Per esempio, la seduta di counseling o di analisi ha un inizio, una parte centrale e una fine. Ciò che è opportuno dire o fare all'inizio può non esserlo a metà seduta o alla fine. Ogni cosa a suo tempo. Ci sono opportunità da cogliere al mattino, che come tutti sanno ha l'oro in bocca, e altre che si colgono meglio alla sera (è probabile che una cena tra amici riesca meglio alla sera che alle otto del mattino). Ci sono cicli circadiani, settimanali, mensili, annuali, e ci sono le stagioni della vita: infanzia, adolescenza, giovinezza, maturità, terza e quarta età, ognuna con le sue opportunità. Ci sono poi cicli personali, che si rivelano solo a un'osservazione più attenta. Per quanto mi riguarda, la mia vita è stata scandita fin ad oggi da cinque cicli di quattrodici anni ciascuno (il quinto si è appena concluso), ognuno con una sua caratteristica distintiva, con un suo kairòs particolare diverso dagli altri. Il terzo di questi cicli, tra i ventotto e i quarantadue anni, è stato quello della mia formazione in psichiatria. La mia ricerca nell'ambito della salute mentale ha avuto inizio in quel periodo. Queste osservazioni sui cicli vitali introducono il tema del seminario di oggi: la ricerca.

Perché parlare di ricerca? Per almeno due motivi. Primo, perché *il nostro modo di intendere la cura è strettamente legato alla ricerca*. Io non propongo il metodo di cura di Freud, di Rogers, di Heidegger o di chiunque altro. Certo, parlo di questi maestri per cercare di trasmettere quello che ho imparato da loro. Ma soprattutto parlo della mia ricerca, di quello che ho imparato cammin facendo da tutti i maestri che ho incontrato o studiato, e più ancora sul campo nel lavoro quotidiano con pazienti o clienti, e poi vivendo giorno per giorno nella relazione con le persone che mi sono più vicine. Se parlo della mia ricerca non è perché voglio creare discepoli o seguaci, ma per incoraggiare chi mi ascolta a fare la sua: partendo certo da un insegnamento, questo o un altro, per prenderne quello che gli serve e su questa base costruire a poco a poco un suo personale stile di vita e di lavoro. Possiamo aiutare i nostri clienti – o i nostri figli, o i nostri partner – a cercare se stessi nella misura in cui in primo luogo siamo impegnati nella ricerca di noi stessi, di chi siamo veramente e del senso della nostra vita. Al di fuori di questa ricerca, non potremmo fare altro che adeguarci (e indurre le persone di cui ci prendiamo cura ad adeguarsi) a modelli prodotti da ricerche altrui. In questo modo, tuttavia, non prenderemmo la vostra vita nelle nostre mani, né potremmo aiutare altri a fare ciò che noi stessi per primi non facciamo.

Ma c'è un secondo motivo per parlare di ricerca. Tra gli scambi con i colleghi che sempre accompagnano l'organizzazione di un congresso, ce n'è stato uno cui voglio accennarvi brevemente. Avendo avuto l'impressione che io dessi poca importanza alla ricerca, un importante collega mi ha scritto severamente: "Io la ritengo obbligatoria per un professionista in quanto senza la ricerca non potrebbe affatto adempiere all'imperativo deontologico di operare sempre in scienza o coscienza nell'interesse dell'utente". Gli ho risposto: "Siamo totalmente in sintonia sulla necessità di operare sempre in scienza o coscienza. Le nostre idee divergono invece sui modi di farlo. Per te, come per molti altri, la ricerca empirica è un obbligo indiscutibile. Per me, e per molti altri, il metodo più appropriato di fare ricerca nel nostro campo non è quello delle scienze naturali". Riporto questo breve scambio per segnalare il clima in cui oggi ci muoviamo, caratterizzato da un approccio piuttosto aggressivo da parte dei sostenitori della scienza empirica per i quali i metodi di ricerca delle scienze naturali dovrebbero valere anche per le scienze umane, in particolare per la psicoterapia e il counseling. Io sono tra coloro che ritengono deleterio questo approccio, ma ritengo che non sia possibile, o almeno non sia consigliabile, sottrarvisi con una scrollata di spalle. E possibile rifiutare il metodo di ricerca delle scienze empiriche solo proponendo un metodo diverso, e mostrandone la validità.

Una prima caratteristica di questo metodo alternativo a quello dominante è di essere personalizzato per ogni ricercatore, vale a dire inscritto nella storia personale di chi fa ricerca. Mentre nella scienza empirica il soggetto del ricercatore fa di tutto per rendersi invisibile, nelle scienze umane il percorso scientifico del ricercatore è strettamente intrecciato al suo percorso personale. Qualche cenno autobiografico pertanto non è fuori luogo in questo approccio: al contrario è utile e opportuno per cogliere la prospettiva in cui il ricercatore si colloca, al di fuori di un ideale asettico di neutralità anonima. Vi dirò dunque che, favorito dall'orientamento eclettico della scuola di specialità in psichiatria di Milano, a cui mi ero iscritto all'inizio degli anni Settanta, ho avuto la possibilità di sperimentare personalmente svariati metodi di cura con analisti e terapeuti di diversi orientamenti. La mia speranza di trovare un senso di appartenenza e di identità si riaccendeva nel momento in cui entravo in una nuova scuola dove venivo per lo più benevolmente accolto, per spegnersi poi regolarmente quando mi ritrovavo ancora una volta a fare lo junghiano tra i freudiani o il freudiano tra gli junghiani, e via dicendo per un buon numero di discipline e dottrine. Questo meccanismo era certamente un retaggio del quattordicennio precedente, in cui il mio bisogno di ribellione si era manifestato facendo ovunque ne avessi la possibilità il bastian contrario (mi ero particolarmente impegnato a fare il marxista tra gli steineriani e lo steineriano tra i marxisti, secondo uno schema che avrei spesso replicato: il materialista tra gli spiritualisti e lo spiritualista tra i materialisti). Ma oltre a questo era anche e forse soprattutto un segno della mia insofferenza per il modo settario e parrocchiale in cui si organizzavano e si combattevano le scuole di psicoterapia nel secolo scorso. A causa di (o grazie a) questa insofferenza non sono mai riuscito a identificarmi fino in fondo con nessuna delle scuole che ho frequentato, ma in compenso ho collezionato una grande varietà di esperienze formative. In ognuna di quelle scuole ho preso ciò che mi serviva e scartato ciò che non trovavo utile, costruendomi a poco a poco uno stile di lavoro su misura.

Inizio da questi dati autobiografici perché la ricerca sul disagio esistenziale e la sua cura non può che partire dal nostro personale disagio e dal modo in cui abbiamo cercato di curarlo. Il ciclo successivo del mio percorso ha avuto come suo centro focale la messa a punto di un metodo di lavoro per la continuazione post-terapeutica della cura di sé. Al termine degli anni della formazione mi era già chiaro che *la cura è a vita*, ma mi era altrettanto chiaro che non avevo intenzione di *essere in cura* a vita: la fase di frequentazione di terapeuti e maestri era conclusa. Da quel momento in avanti il metodo sarebbe stato l'analisi reciproca, come la chiamava Ferenczi, o il co-counseling – il lavoro in cui il counselor e il cliente si scambiano le parti. Un secondo obiettivo di questo ciclo, strettamente intrecciato con il primo, era la raccolta di tutte le conoscenze, le impressioni, gli stimoli acquisiti nella fase della formazione per farne una sintesi ordinata e coerente. L'eclettismo poteva andare come punto di partenza, ma non era accettabile per me come impostazione permanente. Avevo bisogno di integrare il materiale che ero andato raccogliendo dalle fonti più disparate in un insieme organico che potessi utilizzare come un modello da applicare sia nella professione che nell'analisi reciproca con la donna che sarebbe diventata mia moglie.

Il lavoro di integrazione compiuto in quel periodo è documentato nella trilogia *Il nuovo sciamano, Il modello a quattro vertici* e *Paura*[22]. L'idea guida di questo lavoro è che la cura è un *fenomeno robusto* – una cosa che appartiene essenzialmente all'uomo in quanto animale incompiuto e quindi bisognoso in permanenza di cura per il proprio compimento. L'intuizione che mi ha guidato è che al di là e attraverso la molteplicità delle pratiche con cui si è cercato di rispondere ai bisogni basilari di cura esiste ed è descrivibile una *struttura fondamentale* del campo della cura. Di questo campo le diverse scuole psicoterapeutiche hanno esplorato ciascuna un settore più o meno limitato. Se partiamo da presupposti teorici, non potremo avere che una visione di aspetti parziali del campo, quelli illuminati o generati dalle rispettive teorie. Ma è possibile osservare la cose da un punto di osservazione meta-teorico? Vale a dire, è possibile osservare i fenomeni con uno sguardo diretto, non mediato da presupposti teorici? A questa domanda la fenomenologia risponde affermativamente, e quindi è questo l'approccio che ho adottato per lo studio della struttura generale del campo.

Qual è il metodo della fenomenologia? Non è semplice a dirsi. Al pari della psicoanalisi, la fenomenologia è una disciplina tutt'altro che compatta e unitaria. Come ci sono molte psicoanalisi, così ci sono molte fenomenologie. Né l'una né l'altra sono riuscite ad affermarsi come scienze i cui principi e metodi siano pacificamente accettati per lo meno da tutti coloro che le praticano. Del resto questa unanimità non è scontata nemmeno nel campo delle scienze empiriche. Al ricercatore non resta quindi che descrivere nel modo più chiaro il suo metodo e presentare i suoi risultati alla comunità dei ricercatori impegnati nello stesso campo di studio, che può essere la microcomunità del gruppo dei compagni di viaggio, o la comunità più vasta dei professionisti della relazione di aiuto. Di questo metodo vi ho già ricordato i primi tre passi, cui

---

[22] L'intera trilogia è pubblicata in rete sul sito della *Dià - Associazione Dialogico-Dialettica,* www.dialogicodialettica.it.

oggi ne aggiungo un quarto. Ve li ricordo brevemente. 1. L'*epoché* (o libertà da memoria, desiderio e comprensione, secondo la formula di Bion) è un primo passo di sospensione – o un primo grado di libertà – da pregiudizi e aspettative di ogni sorta. La pratica dell'epoché porta gradualmente a eliminare le opacità che ostacolano il funzionamento dell'intuizione. 2. Il primo passo noetico (intuitivo) è seguito dal secondo, dianoetico (discorsivo): l'intuizione guadagnata grazie all'epoché è sottoposta all'esame della conoscenza critica, razionale, argomentativa. La *dialettica noetico-dianoetica* è il fondamento dell'*episteme*, o conoscenza scientifica. 3. Nel terzo passo alla dialettica *intrasoggettiva* tra intuizione e argomentazione si aggiunge il *dialogo intersoggettivo*. Il dialogo, che richiede la sospensione di pregiudizi e aspettative da entrambe le parti, per quanto buono e profondo finisce di regola per arrestarsi di fronte a limiti apparentemente insuperabili. 4. Di qui la necessità di un quarto passo. Quando la comunicazione a un certo punto fallisce, come quasi inevitabilmente accade anche tra i migliori diloganti, è necessario non ricadere in modalità reattive di attacco o fuga, ma tollerare il fallimento come inerente alla comunicazione tra umani. Restando nella *situazione limite*, senza attaccare né fuggire, è possibile fare esperienza di nuovi insight e nuove aperture nella comunicazione. Tuttavia l'incertezza vissuta su quel limite è intollerabile se manca quell'atteggiamento che Jaspers ha chiamato fede filosofica e Bion F in O, fede nell'ignoto. Dalla debolezza di questa fede derivano i dogmatismi che affliggono il campo della cura.

Esaminiamo ora più da vicino questi quattro passi. Nel paradigma scientifico dominante l'intuizione serve *solo* a produrre delle ipotesi bisognose di verifica empirica, e la verità è intesa come *adaequatio*, cioè corrispondenza tra un'affermazione e lo stato effettivo delle cose. L'intuizione è tradotta in un'ipotesi, vale a dire un'affermazione la cui corrispondenza con la realtà delle cose deve essere verificata empiricamente. Se la verifica ha esito positivo la cura dovrà adeguarsi, nel senso che il terapeuta o counselor più che dalle intuizioni del momento si farà guidare per quanto possibile da quelle che sono state corroborate dalla ricerca e si sono tradotte in linee guida per il trattamento di situazioni dello stesso tipo di quella studiata: l'esatto opposto della raccomandazione di Bion di lavorare senza memoria e senza desiderio. Esistono quindi due modi opposti di trattare le intuizioni, e di conseguenza di intendere la cura. Il primo è quello proprio della scienza moderna, da Galileo in avanti: le intuizioni sono *solo* delle fonti di ipotesi da sottoporre a verifica empirica[23]. Il secondo è quello prevalente nelle scienze antiche, e riportato in auge dalla fenomenologia: le intuizioni sono *anche* delle fonti di ipotesi, ma *soprattutto* sono una modalità di *conoscenza diretta* che nessun esperimento può sostituire, una conoscenza che consiste nel mettersi di fronte alle cose nel modo più libero e sgombro da pregiudizi e aspettative, in modo che le cose stesse ci rivelino la loro verità essenziale. *L'intuizione è la facoltà che ci permette di andare al cuore, all'essenza delle cose.* In una posizione intermedia tra lo scienziato e il poeta, il fenomenologo è vicino al poeta perché contempla le cose e cerca di coglierne l'essenza, ed è vicino allo scienziato perché cerca di procedere in modo rigoroso.

Il fatto che all'intuizione le cose si mostrino nella loro essenza non vuol dire che dobbiamo prendere per oro colato ciò che intuiamo. Esistono anche, per fare un caso estremo, le intuizioni

---

[23] «Nel 1600 fa la sua comparsa quello sguardo assolutamente nuovo inaugurato dalla *scienza moderna*. I nomi di riferimento sono Bacone, Galileo, Cartesio, per i quali non bisogna più procedere come i Greci, che si limitavano a contemplare la natura nel tentativo di catturarne le leggi. Occorre, dicono costoro, un'operazione inversa: formuliamo delle ipotesi sulla natura, sottoponiamo la natura a esperimento e, se la natura conferma l'esperimento, assumiamo le *nostre* ipotesi come leggi della natura. Questo è il metodo scientifico, il fondamento della cosiddetta scienza moderna... La scienza non guarda il mondo per contemplarlo, ma per manipolarlo, trasformarlo. Lo sguardo scientifico possiede da subito un'intenzione tecnica che lo configura, lo qualifica e lo indirizza verso la manipolabilità. È come se in bosco si recassero un poeta e un falegname: i due non vedrebbero la stessa cosa osservando gli alberi, perché il falegname vedrebbe già dei mobili». Umberto Galimberti, *I miti del nostro tempo*, 2009, p. 212-213.

deliranti, in cui il soggetto è convintissimo di avere colto una verità indiscutibile, quando invece ciò che vede è frutto di una mente sovraeccitata. Ma, senza andare tanto lontano, per quanto accurata sia la nostra epoché, per quanto estesa sia la nostra sospensione di pregiudizi e aspettative, la nostra mente non è mai tabula rasa. La nostra visione è inevitabilmente influenzata da tutto ciò che abbiamo visto in passato e che si è depositato nella nostra memoria implicita sotto forma di schemi percettivi. È l'obiezione di Heidegger a Husserl: *ogni nostra comprensione è basata su una precomprensione.* Questo è naturale e inevitabile, oltre che necessario: se così non fosse, la nostra esperienza passata verrebbe continuamente cancellata e dovremmo ricominciare ogni volta da capo. La questione è: che cosa facciamo della nostra precomprensione? Se restiamo fissati ad essa, la nostra esperienza presente sarà incasellata nello schema di quella precedente. Nella misura invece in cui siamo disposti a sospenderla, metterla tra parentesi o in questione, la nostra esperienza sarà arricchita da nuove intuizioni e insight, e noi vedremo le cose sempre più per come sono, invece che per come ci aspettiamo di vederle[24].

Mentre per Husserl la fenomenologia e l'ermeneutica erano discipline nettamente contrapposte, per Heidegger le due discipline debbono integrarsi, e la sua posizione è stata accolta dalla maggior parte dei fenomenologi contemporanei, alcuni dei quali sono approdati a posizioni costruttiviste molto lontane

---

[24] Osserava Heidegger che nel circolo ermeneutico "si nasconde una possibilità positiva del *conoscere più originario,* possibilità che è afferrata in modo genuino solo se l'interpretazione ha compreso che il suo compito primo, durevole ed ultimo è quello di *non lasciarsi mai imporre pre-disponibilità, pre-veggenza e pre-cognizione dal caso o dalle opinioni comuni, ma di farle emergere dalle cose stesse, garantendosi così la scientificità del proprio tema* " (*Essere e tempo,* 1927, p. 250, corsivi miei). In questo, come in molti altri passi, Heidegger si dimostra un vero fenomenologo, nonostante le sue importanti divergenze con Husserl, perché della fenomenologia mantiene l'elemento centrale, cioè l'intenzionalità, l'orientamento *ad rem* della coscienza. La sua ermeneutica a buon diritto può dirsi fenomenologica, perché è sempre agganciata alle *cose,* mai alle *opinioni* o alle *ipotesi.*

dall'ispirazione originaria della fenomenologia di Husserl. Il rapporto tra le due discipline è di cruciale importanza per la scienza e la pratica della cura, e dobbiamo avere ben chiaro il suo significato. In breve, il fenomenologo ha fiducia nel fatto che le cose si mostrano a chi ha occhi per vederle – vale a dire, nella misura in cui lo sguardo è liberato da tutto ciò che lo offusca. L'ermeneuta invece, considerando strutturale il nascondersi piuttosto che il mostrarsi dei fatti, più che al vedere si affida all'interpretare, cioè al ricostruire ciò che non è immediatamente visibile. La posizione di Heidegger sembra più ragionevole, perché è evidente che le cose si mostrano solo in parte, mentre un'altra parte, generalmente maggiore, se ne sta nascosta come la parte sommersa di un iceberg. Infatti io l'ho adottata, come la maggior parte dei fenomenologi contemporanei. E tuttavia, la correzione ermeneutica della fenomenologia rischia di smarrire, o almeno di annebbiare, un aspetto centrale e decisivo dell'approccio originario di Husserl.

Se il nostro scopo non è solo quello di conoscere diversi aspetti delle cose, in particolare quelli che non sono immediatamente evidenti, ma anche e soprattutto di cogliere l'*essenza* delle cose, liberandole da tutto ciò che in esse vi è di accidentale e contingente, allora la disciplina dell'epoché raccomandata da Husserl, e spesso annacquata o dimenticata dagli ermeneuti, mantiene tutta la sua cruciale importanza. L'impressione è che molta parte dell'ermeneutica contemporanea, raffinata e profonda quanto si vuole, sia afflitta da una certa tendenza a perdere di vista l'essenziale. Se non vogliamo incorrere anche noi in questa dimenticanza, dobbiamo avere ben presenti i due lati dell'epoché, o riduzione fenomenologica. Dalla parte dell'oggetto, questa disciplina consiste nel cercare ciò che è tipico, esemplare, strutturale in un fenomeno: cioè la sua *verità essenziale*, il suo *eidos* (*riduzione eidetica*). Così come la "cavallinità" è l'essenza che accomuna tutti i cavalli, piccoli o grandi, bianchi o neri, da corsa o da tiro, se il nostro campo d'indagine è quello della cura possiamo cogliere come tipica o strutturale in tutte le relazioni di cura, per esempio, la presenza di una risposta al bisogno di accettazione incondizionata. Similmente, dalla parte del soggetto la disciplina consiste nel distinguere il *nucleo essenziale* dell'io dalla sua forma contingente – nel linguaggio della fenomenologia, liberare l'io puro o trascendentale dall'io empirico (*riduzione trascendentale*). Questo io è detto trascendentale perché si trascende dirigendosi alle cose: è la coscienza fenomenologica, che è sempre "coscienza di qualche cosa".

In India è molto popolare l'immagine del lago che se è calmo riflette con precisione la luna, mentre l'immagine riflessa è tanto più frammentata e irriconoscibile quanto più increspata è la superficie. Questa immagine corrisponde all'ideale della fenomenologia: far tacere la mente, sospendere tutte le sue attività giudicanti per renderla capace di riflettere fedelmente le cose. Vediamo quanto questo ideale contemplativo sia lontano da quello della scienza moderna, che dirige uno sguardo aggressivamente indagatore sul mondo, per carpirgli i suoi segreti e manipolarlo con gli strumenti della tecnica. Anche nel campo della cura del sé o dell'anima, della psicoterapia o del counseling, la scienza empirica procede allo stesso modo: cerca di mettere a punto delle tecniche efficaci per la cura di questo o quel disturbo, per la soluzione di questo o quel problema. In questa prospettiva il terapeuta deve cercare di diagnosticare un problema o un disturbo e di applicare le procedure previste per la cura, con la stessa logica del medico che prescrive un farmaco. L'apertura di uno spazio di ascolto e di dialogo autentico in cui possa emergere il significato dell'interazione qui è solo una perdita di tempo. Ben diverso l'atteggiamento del terapeuta o counselor che non è guidato da manuali diagnostici e terapeutici, ma dal processo della cura che si sviluppa momento per momento in modo sempre imprevedibile. Per questo è fondamentale l'atteggiamento del fenomenologo, come descritto icasticamente da Bion: essere presenti senza memoria, senza desiderio e senza tentare di "capire" in base a categorie note.

Sebbene questo atteggiamento sia necessario, occorre aggiungere che non è sufficiente. Innanzitutto, per quanto uno pratichi coscienziosamente e sistematicamente una disciplina di sospensione di giudizi e aspettative, la sua visione sarà pur sempre la *sua* visione, e non l'occhio di Dio. Lo sforzo di sospendere e neutralizzare il più possibile le distorsioni prodotte dalla nostra soggettività è necessario, ma non bisogna cadere nell'illusione che possa bastare. Veniamo così al secondo passo del nostro metodo: la *dialettica noetico-dianoetica*. Dopo aver sospeso per quanto possibile ogni attività mentale, occorre sospendere anche la certezza della verità intuita per sottoporla ad analisi critica. Dalla conoscenza immediata dell'intuizione si passa a quella mediata del ragionamento. Grazie a questo lavoro critico, riconosciamo che la nostra intuizione può essere fallace – per esempio un prodotto del nostro desiderio o della nostra paura di vedere le cose in un certo modo, emozioni da cui non siamo riusciti a prendere a sufficienza le distanze – o semplicemente parziale, incompleta. Anche se falsata da pregiudizi e aspettative, la nostra visione riflette comunque, in modo più o meno fedele, qualche aspetto della realtà, ma mai *tutta* la realtà. In fenomenologia l'*analisi eidetica* è appunto questo processo dialettico che sottopone ad analisi critica le intuizioni per ottenere intuizioni più profonde, più precise e più corrette, che poi a loro volta saranno sottoposte a ulteriore analisi critica e così via, in un processo senza fine.

L'analogo dell'analisi eidetica nell'approccio ermeneutico è il *circolo ermeneutico,* in cui l'analisi interpretativa porta alla luce ciò che nella precomprensione è nascosto. La migliore comprensione così ottenuta diviene poi a sua volta una precomprensione per un altro giro del circolo ermeneutico, un nuovo anello nella spirale infinita della dialettica della conoscenza. Possiamo vedere nella analisi eidetica e nel circolo ermeneutico *due varianti della dialettica noetico-dianoetica.* La prima privilegia la visione di ciò che si mostra a uno sguardo il più possibile liberato da condizionamenti personali o culturali; la seconda, più interessata a scoprire ciò che si nasconde di ciò che si mostra, usa lo strumento interpretativo per esplorare nella profondità o tra le pieghe di ciò che appare. Vediamo che per definire il nostro metodo abbiamo bisogno di tre aggettivi: fenomenologico, ermeneutico e dialettico. È *fenomenologico* in quanto sospende ogni preconcezione e aspettativa per cogliere intuitivamente l'essenza delle cose. È *ermeneutico* perché non si accontenta della visione intuitiva, ma esplora tutto ciò che ad essa si sottrae interpretando i segni di ciò che, anche se invisibile, fa presentire la sua presenza. È *dialettico* perché mette in relazione e integra i due approcci precedenti, superando tanto la tendenza del fenomenologo a fidarsi eccessivamente delle sue intuizioni, quanto quella dell'ermeneuta a perdersi in una fuga infinita di interpretazioni di interpretazioni, perdendo l'aggancio con la realtà delle cose.

Questa dialettica, interna alla dinamica della conoscenza, è a sua volta parte di una *dialettica più vasta, che mette in relazione la conoscenza e l'affettività*. L'intuizione o apprensione immediata delle cose è tanto più ricca e fedele alla realtà quanto più è il risultato di una riduzione fenomenologica da un lato e di un lavoro interpretativo e critico dall'altra: ma la dialettica della conoscenza presuppone e si intreccia con quella dell'affettività, tra unione e separazione con il mondo, tra immersione empatica e distacco affettivo. È solo per meglio comprendere i fenomeni che ne distinguiamo le singole componenti, in particolare separiamo un asse cognitivo da un asse affettivo dell'esperienza e della cura. Ma nella realtà delle cose non è possibile conoscere alcunché senza un coinvolgimento con l'oggetto della conoscenza, un movimento a delfino tra immersione ed emersione nel flusso dell'esperienza. L'immersione empatica permette di conoscere le cose dall'interno, grazie a un processo di identificazione. Il movimento opposto di disidentificazione permette di prendere quella distanza dalle cose senza la quale l'operazione conoscitiva non può avvenire. L'espressione *osservazione partecipe* rende l'idea di questo movimento dentro-fuori, di identificazione-disidentificazione con le cose che permette di averne un'esperienza vissuta in prima persona senza restarne intrappolati o condizionati, o riducendone progressivamente il condizionamento.

La dialettica noetico-dianoetica riguarda il rapporto tra soggetto conoscente e oggetto conosciuto. Anche di questa disciplina, che ogni operatore della salute mentale deve imporsi se vuole operare secondo scienza e coscienza, occorre dire che è necessaria, ma non sufficiente. Alla dialettica *intrasoggettiva* tra intuizione e argomentazione si deve aggiungere, nel terzo passo del nostro metodo di ricerca, quella *intersoggettiva* del dialogo con altri ricercatori. Per quanto disciplinato e rigoroso, il ricercatore solitario difficilmente riesce a superare i limiti del suo particolare punto di vista, senza contare la formidabile capacità di autoinganno che non risparmia nessuno, e che induce a scambiare per verità oggettive i propri vissuti soggettivi. Il confronto con altri ricercatori è indispensabile in qualsiasi impresa che pretenda di essere scientifica. Questo confronto può prendere la forma del *dialogo*, nella misura in cui entrambi gli interlocutori sono disposti a mettere tra parentesi e in gioco i rispettivi assunti di base, o piuttosto di una *dialettica*, nel caso molto più frequente in cui ciascuno lotta per mostrare la bontà della propria posizione (ma sempre nell'interesse della verità) e il conflitto conduce, anche contro le intenzioni dei duellanti, a un esito di superamento della contrapposizione e di sintesi tra posizioni opposte.

Ora, chi sono gli interlocutori del ricercatore? Altri ricercatori, evidentemente. E dove si trovano? A diversi livelli. Nella relazione asimmetrica sono maestri o allievi, terapeuti o pazienti, counselor o clienti. In quella simmetrica sono compagni di vita, di viaggio, di scuola o di avventura. Al limite, chiunque può essere un interlocutore. Dipende dalla capacità, disponibilità e volontà di dialogo del ricercatore trasformare un interlocutore riluttante in un vero viaggiatore. Servono solo due cose. Primo, decidere di partire. Secondo, capire che senza compagni di viaggio non si va lontano, salvo rare eccezioni. Con questi due presupposti, i compagni non possono mancare. Come dicono in India: quando il discepolo è pronto, il maestro compare. Questo vale per qualsiasi ricerca, ma noi qui ci stiamo occupando di una ricerca che ha la pretesa di essere scientifica. Si pone quindi la domanda: quali caratteristiche deve avere la dialettica intersoggettiva perché possa valere come un passo di un'impresa scientifica? Il *rigore* è una parola chiave. Posto che siano stati rigorosi i primi due passi (l'epoché e la dialettica intrasoggettiva) che cosa rende rigoroso il terzo (la dialettica intersoggettiva)?

In primo luogo deve essere rigorosa la *presentazione* della propria ricerca. Occorre presentare le proprie evidenze (esperienziali, non empiriche, nel nostro caso) e le proprie fonti, e argomentare con chiarezza e coerenza le proprie tesi. Quindi la presentazione deve essere *pubblicata*. Può trattarsi di una pubblicazione tradizionale su carta: un articolo su una rivista scientifica o un volume. Ma in tempi di comunicazione elettronica va benissimo anche la pubblicazione su un sito web aperto al pubblico, o sotto forma di intervento in un forum di discussione professionale. La sostanza è che la ricerca possa circolare e raggiungere i ricercatori potenzialmente interessati. In futuro la comunicazione scientifica sarà probabilmente tutta in rete. Infine, il ricercatore non può pensare che il mondo sia lì ad aspettare i risultati della sua ricerca. Deve attivarsi lui stesso, frequentare congressi e forum professionali, attivare canali di comunicazione con interlocutori privilegiati, trascurare tanto le conferme superficiali quanto le stroncature pregiudiziali, ma cercare il confronto con lettori attenti e soprattutto critici.

Per quanto accurate possano essere le nostre presentazioni, numerose e autorevoli le nostre pubblicazioni e lusinghieri i giudizi che nel campo vengono dati del nostro lavoro, non è tuttavia questo il fattore ultimo che decide del valore della nostra ricerca. Se da un lato non mi stanco di insistere sull'importanza del dialogo, dall'altro metto in guardia contro il pericolo di farsi eccessive illusioni sulla comunicazione tra umani. Il dialogo è sempre utile, ma raramente dà i risultati sperati. Occorre un quarto passo, che si ricollega al primo. Siamo partiti dall'intuizione che la cura abbia una sua struttura intrinseca, indipendente dalla teoria del terapeuta; una struttura che si mostra tanto più chiaramente quanto più il terapeuta rinuncia a condizionarla con le sue teorie. L'idea è che la cura abbia una sua logica interna, e che il compito principale del terapeuta o del counselor sia quello di mettersi in ascolto, sintonizzarsi e farsi guidare da questa logica, piuttosto che da idee o teorie preconcette, per quanto empiricamente supportate.

In questa prospettiva il terapeuta o counselor non è un tecnico che applica procedure basate sul lavoro di altri ricercatori, ma è un ricercatore lui stesso. È uno scienziato locale, in quanto indaga la logica che governa il processo della cura con un singolo paziente o cliente, formulando ipotesi e mettendole alla prova esperienziale nel laboratorio della relazione. Ed è un ricercatore del campo della cura, in quanto utilizza le mappe disponibili sperimentandole, modificandole, disegnandone di nuove. Per contrasto, il terapeuta che sceglie di muoversi sul terreno della scienza empirica può solo applicare procedure derivate dalla ricerca empirica, e può solo formulare ipotesi il cui valore potrà essere verificato non da lui, ma da ricercatori estranei alla cura.

Ora, la chiave di questa impresa conoscitiva è il movimento dialettico tra i poli del sapere e del non sapere dell'asse della conoscenza. Abbiamo ricordato che questa dialettica è resa possibile dalla sospensione sistematica di ogni sapere acquisito per aprirsi al vuoto di sapere da cui emergono nuove intuizioni e ispirazioni. Ciò che ostacola il processo è l'attaccamento eccessivo a ogni forma di sapere, di affetto, di desiderio. *Amicus Plato, magis amica veritas*, diceva Aristotele. Il vero filosofo, o il vero ricercatore, non rinnega gli affetti, né rinuncia a seguire desideri e passioni, ma non si lascia condizionare da questi più che da quelli. La priorità assoluta del filosofo è la sofia, la verità, o la liberazione: tre parole che per lui sono quasi intercambiabili.

Ma io non sono un filosofo, è un'obiezione che ogni tanto mi viene fatta. Io invece credo che in ogni essere umano ci sia un filosofo, così come in ognuno di noi c'è un bambino. E come alcuni nascondono e negano il bambino, così altri, ma sono molti di più, nascondono e negano il filosofo. E aggiungerei che come non conviene negare il bambino, allo stesso modo non conviene negare il filosofo. Perché il bambino, come il filosofo, se negati diventano negativi al pari di qualsiasi cosa negata, cioè diventano bambini cattivi e cattivi filosofi. Cattivo viene dal latino *captivus*, che significa prigioniero. Ogni parte negata di noi rimane prigioniera della negazione, cioè incattivisce. Che il mondo sia pieno di bambini cattivi, credo sia abbastanza evidente. Meno evidente forse è che il mondo è pieno anche di cattivi filosofi.

Come si riconosce il cattivo filosofo? Semplice, ce l'ha spiegato Socrate agli albori della filosofia occidentale. Il cattivo filosofo si riconosce abbastanza facilmente perché crede di sapere le cose che sa, mentre quello buono non casca in questa trappola e sa una cosa sola: di non sapere nulla di certo. Forte di questa unica conoscenza, sospende continuamente ogni sapere e si apre al non sapere, anzi stabilisce in questo piuttosto che in quello la propria dimora, perché i saperi sono sempre incerti e provvisori, mentre nel vuoto di sapere il filosofo scopre una sorgente inesauribile di vita, oltre che di nuovi saperi. Il filosofo non è un "credente", se per credente intendiamo una persona che aderisce senza remore a un credo. Il fatto che il filosofo non sia un credente non vuol dire tuttavia che non abbia una sua fede. Ma la fede del filosofo non è la fede del credente. È una fede filosofica, appunto, come la chiamava Jaspers: una fede senza credo. È una fede che consiste nell'affidarsi a un non sapere. Ma come è possibile affidarsi a un non sapere? Bisogna ritenere che il vuoto di sapere sia affidabile, evidentemente. E come lo sappiamo? Non lo sappiamo: se lo sapessimo non sarebbe un non sapere. Potremmo dire che ci fidiamo di un'intuizione, come Cristoforo Colombo. O che facciamo una scommessa, come Pascal.

In ogni caso, intuizione o scommessa, è in gioco la nostra vita. Perché la nostra vita è in gioco comunque, anche se preferiamo ignorarlo. Possiamo solo scegliere su che cosa puntare per salvarci: la famiglia, gli amici, la carriera, una chiesa, la scienza empirica – oppure il non sapere. Ognuna di queste scelte ha i suoi pro e i suoi contro. Sarei in contraddizione con me stesso se pretendessi che la scelta filosofica è tra tutte la migliore. Non lo so, non posso saperlo. Posso solo dire che questa scelta fonda un tipo di ricerca come quello che ho esposto, e un modo di intendere la scienza che non è condiviso da tutti, anzi è sicuramente minoritario. Il professionista della relazione di aiuto può adottarlo se sente che gli corrisponde, o rifiutarlo nel caso contrario – ma in questo caso dovrà scegliere un altro tipo di percorso e un'altra idea di scienza e di ricerca. Altrimenti non sarà mai al riparo dall'accusa di lavorare senza scienza e coscienza.

La fede filosofica – la fede di poter trovare tutto ciò che *essenzialmente* ci occorre in un vuoto di sapere – è l'alfa e l'omega del metodo di ricerca che propongo. È l'alfa perché il punto di partenza è l'epoché, che significa sospensione di ogni sapere, giudizio e aspettativa, una sospensione che implica un'apertura e un affidamento a uno spazio in cui non si sa, non si giudica e non ci si aspetta nulla. Ed è l'omega perché quando avremo praticato con scienza e coscienza tutto ciò che il nostro metodo prevede arriveremo pur sempre a un limite oltre il quale tutti i nostri mezzi dialogici e dialettici non ci salveranno dall'impotenza, e non ci resterà che arrenderci. Come ho ricordato più volte, ci sono due tipi di resa: quella depressiva e quella liberatoria. Non è difficile capire che la seconda è quella giusta, meno facile è capire da che cosa dobbiamo liberarci. La coscienza ingenua vorrebbe liberarsi da tutto ciò che l'affligge: privazioni, incomprensioni, precarietà e incertezze di ogni sorta. La coscienza che giunge al quarto passo di questo metodo si libera invece dall'illusione di poter controllare la vita con un metodo[25]. Un metodo è importante, anzi è necessario se vogliamo condurre una ricerca: e un terapeuta o un counselor non possono sottrarsi a questo obbligo, a meno di non trasformarsi in docili esecutori di procedure prodotte da ricerche altrui. Ma un metodo tradisce la sua missione se pretende di essere la chiave che risolve i misteri della vita e dell'universo – non pochi dei cultori della scienza moderna sembrano non essere esenti da questa illusione. Un metodo diventa controproducente e pericoloso se non conosce i suoi limiti.

È come per la parola. Non saremmo umani se non avessimo questo dono e non imparassimo a usarlo bene. Ma saremmo troppo umani se dopo aver imparato a parlare non imparassimo anche a tacere. O se dopo aver imparato un metodo non fossimo capaci di metterlo da parte per restare senza parole, senza strumenti, senza metodo, aperti, sguarniti, inermi ma immensamente fiduciosi di fronte alla vita.

---

[25] Il capolavoro di Gadamer si intitola *Verità e Metodo*. Benché nel titolo i due termini sembrino avere la stessa dignità, la tesi dell'opera è che se vogliamo accostarci alla verità dobbiamo in ultima analisi liberarci dall'illusione di poterla catturare con un metodo.

5.

Il respiro

Abbiamo osservato nel seminario precedente che il tema della ricerca è ineludibile per chiunque voglia prendersi cura professionalmente di altre persone. Oggi continuiamo su questa traccia, per dire che il tema è ineludibile anche per chi voglia prendersi cura di se stesso e delle persone cui è legato nella vita privata. Come posso prendermi cura di me stesso, se non so chi è quel me di cui voglio prendermi cura? Se non lo so, debbo indagare. La cura di sé è inseparabile dalla conoscenza di sé.

Come deve essere intesa questa ricerca? All'ultimo seminario è seguito un dibattito in cui si sono fronteggiate pressappoco due posizioni. Da una parte è stato espresso il timore che si creasse un gruppo un po' settario di "veri ricercatori" che guardano dall'alto in basso tutti coloro che cercano diversamente, ovvero che si creasse un clima di autoesaltazione dei "filosofi" a scapito della gente comune o "normaloide". Dall'altra si è fatto notare che nessuno mette in dubbio il diritto di ciascuno di cercare quello che vuole a modo proprio, ma c'è pur sempre una differenza tra il ricercatore casuale e inconsapevole e quello metodico e disciplinato; tra i ricercatori potenziali e quelli che scelgono di fare sul serio, accollandosene la fatica e i sacrifici; tra il muoversi nel mondo imparando tutto quello che si può da chiunque e scegliersi dei compagni di viaggio motivati e concretamente impegnati.

Insomma, da un parte c'è il timore di prendersi troppo sul serio, dall'altra quello opposto di prendere le cose troppo alla leggera. Indubbiamente entrambi i rischi sono reali. Per cercare di trovare la giusta misura in questa impresa, cerchiamo innanzitutto di capire di quale impresa stiamo parlando. Forse è vero, come credono i buddisti, che in ogni essere umano c'è un Buddha, per quanto nascosto e profondamente addormentato, e che in ognuno di noi questo Buddha cerca di svegliarsi e venire alla luce, o piuttosto portare al mondo la propria luce, per quanto contraddittorie e contorte siano le vie del risveglio. Se così fosse, ciò che ogni umano ricerca, anche se nei modi più inconsapevoli, è la liberazione da tutto ciò che ci separa da quello che essenzialmente siamo – in una parola, l'illuminazione. Non c'è bisogno di essere buddisti per trovare almeno plausibile questa idea, che può anche diventare, per alcuni, un'*idea guida* della ricerca.

Per altri, invece, più che un'idea guida che orienta una ricerca, l'idea si trasforma in credenza in una verità incarnata negli insegnamenti di un maestro o dell'istituzione che ne amministra il legato. In questi casi la ricerca tende ad essere sostituita dalla fedele e disciplinata applicazione delle indicazioni e istruzioni fornite dal maestro o dalla scuola che offre una particolare interpretazione dei testi sacri. Si può dire che i seguaci di un maestro – si chiamino buddisti o cristiani o maomettani o marxisti o freudiani o lacaniani – in tanto possono legittimamente fregiarsi della denominazione adottata in quanto più che ricercatori sono diventati dei *trovatori*, persone che hanno trovato una verità e che sullo zoccolo duro di questa fondano la loro esistenza e il loro cammino. Certamente anche un trovatore può continuare a cercare, ma la sua ricerca sarà sempre circoscritta dagli articoli di fede che non possono essere messi in discussione, pena la perdita di identità o l'espulsione dalla comunità dei credenti. La distinzione tra ricercatori e trovatori o credenti non implica in alcun modo, per me, un giudizio di valore che fa dei primi una categoria superiore agli altri. Non tutti possono essere dei ricercatori, come non tutti possono essere dei credenti. La via del ricercatore è buona per alcuni, e non per altri – e lo stesso vale per la via del credente. È solo importante che ciascuno capisca qual è la via giusta per lui o per lei. Può essere che uno debba percorrere anche a lungo la via del credente, fino al punto di rendersi conto che non è la sua e diventare un ricercatore, come è ugualmente possibile il contrario.

In ogni modo, la nostra è una scuola per ricercatori o aspiranti tali, ma anche per credenti critici o dubbiosi. Non rifiuteremmo nemmeno un credente adamantino, un *true believer*, posto che lui riesca a trarre profitto dai nostri metodi senza destabilizzarsi troppo. Se faccio questa distinzione tra cercatori e trovatori non è per escludere nessuno, ma solo per capire che cosa significa essere un ricercatore. Per un principio fondamentale della dialettica, una cosa è quello che è solo per contrasto con ciò che non è. Tuttavia per un altro principio ciascun termine di una coppia di opposti contiene in sé il suo contrario: parafrasando il cardinal Martini, potremmo dire che *in ogni essere umano c'è un cercatore e un trovatore*[26]. La ricerca può essere più o meno autentica o più o meno illusoria, e lo stesso vale per ciò che si pensa di aver trovato – ma in ogni caso queste due disposizioni basilari coesistono in ognuno, e molto dipende da quello che ne facciamo. Per molti i due atteggiamenti convivono in modo disordinato, nel senso che a volte o in determinate circostanze si attiva un modo, altre volte si attiva l'altro. Si può essere cercatori o trovatori casualmente, in base alle influenze del momento. Una buona integrazione tra le due parti può aver luogo solo se esiste uno spazio mentale capace di accogliere quel confronto dialettico grazie al quale il cercatore può esercitare un controllo critico sulle scoperte del trovatore, e questi a sua volta fornire le basi di conoscenza su cui la ricerca

---

[26] La formula di Martini (*in ognuno di noi c'è un credente e un non credente*) dice pressappoco la stessa cosa, ma con un'enfasi sull'essere o non essere credenti, del tutto comprensibile in Martini che era un credente. La formula corrispondente, per un ricercatore, potrebbe essere *in ognuno c'è un ricercatore e un non ricercatore*. Il difetto di questa come di quella formula mi sembra tuttavia consistere nella connotazione negativa (non credente, non ricercatore) dell'altro da sé. Almeno un po' più neutra mi sembra quella che propongo, perché usa due termini entrambi positivi che mi sembrano accettabili da ambo le parti. Infatti il credente non dice di sé "ho smesso di cercare quando *ho trovato* Gesù (o Buddha, o Maometto)"?

può procedere. Se questo contenitore manca o è troppo debole, il cercatore e il trovatore si dividono le rispettive sfere di influenza, oppure uno dei due esercita un dominio dispotico sull'altro, come nel caso di un eccesso di critica che paralizza l'azione o di un eccesso di certezza che blocca la riflessione.

Questo equilibrio dialettico è alla portata sia del ricercatore sia del credente. La differenza tra i due può essere colta ancora una volta in una prospettiva gestaltica, in cui la forma cambia completamente a seconda di quale parte funga da figura e quale da sfondo. Il credente e il ricercatore sono accomunati dalla passione per la verità, ma si distinguono perché nel primo il trovatore è la figura e il cercatore lo sfondo, mentre nel secondo avviene il contrario. In altre parole, per il credente la base solida dell'esperienza è data dal suo credo, con il quale il pensiero è tenuto ad accordarsi (la filosofia è ancella della teologia). Per il ricercatore, al contrario, la base dell'esperienza è il dubbio sistematico (ma non ossessivo né distruttivo), come nel cammino del risveglio di cui abbiamo parlato ampiamente lo scorso anno[27]. Anche il ricercatore ha le sue credenze, naturalmente: che tuttavia non sono intoccabili, ma vengono continuamente messe in gioco e modificate dalla riflessione e dall'esperienza.

Un'altra categoria di non-ricercatori è quella dei nichilisti: coloro che non cercano perché hanno deciso che non c'è nulla da cercare. La vita è una pura insensatezza cui reagire in vari modi, che vanno dall'edonismo al suicidio. Non c'è spazio per alcun tipo di ricerca in un orizzonte nichilistico. A una terza categoria appartengono coloro che non cercano semplicemente perché la loro esistenza è ancora talmente avvolta dall'illusione da non percepire nemmeno il disagio che è il motore di ogni ricerca esistenziale. Più esattamente, cercano anche loro, ma solo cose che stanno all'interno del loro mondo illusorio: ricchezza, potere, immagine, e simili. Il ricercatore la cui identità stiamo cercando di de-

---

[27] CdR 7-10.

finire si distingue, per contrasto con le figure di non-ricercatori che abbiamo delineato, per questi caratteri. Primo, ha una *consapevolezza acuta del disagio* che appartiene essenzialmente all'animale culturale che noi siamo, che si sente fondamentalmente esiliato o gettato in questo mondo, smarrito, piantato in asso dall'istinto, conscio della precarietà di tutte le cose da cui dipendono la sua sicurezza e il suo benessere. Secondo, *non rinuncia nichilisticamente* a cercare la ragione del (e un rimedio al) suo disagio. Terzo è un *vero* ricercatore nella misura in cui la sua passione per la verità supera ogni altra passione; *Amicus Plato, magis amica veritas*: l'amore per la verità ha il sopravvento anche sugli affetti[28], per non parlare di cose di minor valore, come la sicurezza economica, l'appartenenza a un gruppo, il prestigio personale. Quarto, pur assetato di verità non pensa mai di possederla.

Chi mi ha seguito fin qui potrebbe dire: io non sono un credente, non sono nichilista, ho un sincero amore per la ricerca, dunque sono un vero ricercatore, no? No. Non basta. Quelle che ho elencato sono solo le premesse. A queste premesse debbono seguire i fatti. Un vero ricercatore è uno che è veramente impegnato nella ricerca. E come si fa a stabilire se c'è un vero impegno? Vale più o meno quello che ho detto nell'ultimo seminario a proposito della ricerca professionale. Un ricercatore non può autonominarsi tale. Deve presentare il suo metodo e i suoi risultati alla comunità di ricerca cui ha scelto di appartenere. Nel caso della ricerca esistenziale non c'è bisogno di pubblicazioni, ma di *presentarsi in pubblico* sì, anche se solo al pubblico ristretto della propria piccola comunità. Che cosa si intende per comunità di ricerca esistenziale? Nell'antichità era una scuola filosofica, oggi può essere un istituto o una scuola di psicoterapia o counseling dove si faccia della ricerca di questo tipo. La nostra scuola, il gruppo di persone

---

[28] Questo certamente non significa che la vera ricerca richieda di eliminare le relazioni affettive che non sono funzionali ad essa, ma solo che nella ricerca della verità non ci si deve far condizionare da alcun legame affettivo.

formato da docenti, allievi ed ex-allievi che frequentano regolarmente questi seminari, può considerarsi una minuscola comunità di ricerca? Certamente può provare a esserlo, organizzando al suo interno degli spazi di lavoro in cui ciascuno abbia la possibilità di presentare il proprio modo di intendere e praticare la ricerca, ricevendo dal gruppo ascolto, feed-back, incoraggiamenti e critiche.

Non si deve pensare alla ricerca esistenziale come a una cosa straordinaria, riservata agli specialisti. Per esempio una paziente mette a fuoco un problema e ne ricava una domanda che rivolge al suo inconscio, cui chiede di mandarle un sogno che le offra degli elementi per comprendere meglio la questione. Insiste per diverse sere finché arriva un sogno che, portato in seduta, si rivela illuminante. Ecco, questo è un esempio di buona ricerca. I passi del metodo sono: focalizzare un problema, decidere di affrontarlo, chiedere lumi all'inconscio, riceverli in un sogno, analizzarlo in seduta. Una coppia paziente-terapeuta, o cliente-counselor, può formare una microcomunità di ricerca, una comunità composta da due sole persone ma in cui non manca nulla dell'essenziale: *lo spirito di ricerca, la determinazione di scoprire ciò che è nascosto, un metodo di lavoro, la comunicazione con l'inconscio da un lato e con almeno un partner umano dall'altro, tempi e luoghi di lavoro definiti e sufficientemente costanti.*

Nell'esempio riportato la paziente-ricercatrice presenta un aspetto del proprio modo di procedere nella conoscenza e cura di sé. Un modo di procedere è una procedura? È una parola che personalmente non mi piace molto, perché evoca un protocollo, una serie fissa di passi da eseguire uno dopo l'altro per ottenere un dato risultato. Del resto la ricerca di procedure efficaci ha perso molto credito anche nella ricerca empirica, che con i suoi metodi non è riuscita a scoprire altro che differenze minime e poco significative nei risultati prodotti dalle diverse scuole. Preferisco parlare di *procedimenti*. La differenza sta in questo, che il procedimento è il modo in cui un singolo ricercatore procede utilizzando e integrando diversi principi o fattori di cura. Anche nella ricerca empirica l'attenzione si sta spostando sempre più sui principi terapeutici, piuttosto che su protocolli rigidi di cura. A maggior ragione questo vale per la ricerca esperienziale, in cui il materiale di studio non è fornito da esperimenti ma dall'esperienza dei singoli terapeuti o counselor, sempre mutevole in funzione del contesto e della personalità degli interpreti.

La coppia di cura è l'unità minima di comunità di ricerca. Naturalmente un gruppo offre una maggiore ricchezza di scambi e di verifiche, posto che si costituisca come gruppo di ricerca dandosi dei metodi, dei tempi, e soprattutto un'alleanza di lavoro. Il seminario ha una funzione primaria didattica, finalizzata alla formazione personale e professionale, e una funzione secondaria di cura, attraverso le esperienze di gruppo e nel gruppo. Almeno per noi docenti questi seminari hanno avuto sin dall'inizio anche una funzione di ricerca, perché gli insegnamenti che cerchiamo di trasmettere sono il frutto di una ricerca continua da parte nostra. Ma nel frattempo anche il gruppo degli allievi, inteso come unità mobile con flussi in entrata e in uscita, è maturato al punto da potersi costituire in piccola comunità assieme ai docenti in cui *le tre funzioni dell'insegnamento, della cura e della ricerca sono esercitate da ciascuno secondo i rispettivi talenti e capacità.*

Io non faccio lezioni da manuale – cerco piuttosto di trasmettere l'idea che non esiste e non può esistere nel nostro campo una scienza codificata. Esiste invece una fitta rete di ricercatori che indagano nel campo della cura di sé e dell'altro nella relazione, e che grazie al dialogo e al confronto tra di loro fanno gradualmente emergere una serie di principi o fattori comuni a tutte le pratiche di cura, indipendentemente dai presupposti teorici dei curanti. Non si deve pensare a principi terapeutici del tipo di quelli della medicina, come vitamine e antibiotici, ben codificati e indicati per la cura di disturbi precisi, ma piuttosto a fattori esperienziali che consistono in *modalità tipiche di prendersi cura di sé e degli altri.* La nostra scienza consiste essenzialmente nella descrizione di

74

queste modalità, raccolte e articolate tra loro in strutture o modelli integrati. Per esempio uno di questi modelli è *un metodo di ricerca e di cura che ho chiamato RAF, un acronimo formato dalle iniziali di tre principi essenziali della cura.* Sono tre principi della cura di sé che ognuno può utilizzare, in qualsiasi circostanza. Dirò oggi qualcosa del primo di questi tre principi, nello spirito di un ricercatore che comunica i risultati delle sue ricerche ad altri ricercatori e che si aspetta dai suoi colleghi un ascolto critico privo di pregiudizi ma anche di compiacenze[29].

La prima lettera, R, sta per Respirazione. È un principio di cura universale, forse il più universale dei principi. Capita di sentire un marito del tutto digiuno di conoscenze di cura dire alla moglie agitata: calmati, respira. Chi è ansioso ansima (la parola ansimare deriva appunto da ansia): l'ansia si riflette immediatamente sul respiro. Reciprocamente, calmare il respiro è un ansiolitico naturale, di pronto intervento e alla portata di tutti. Fare dei respiri lenti e profondi[30] è il modo più diretto e immediato per "tornare in sé", vale a dire per riprendersi l'attenzione catturata da pensieri ansiogeni. Nell'animale culturale che noi siamo l'attenzione è normalmente catturata dai pensieri, ansiosi, piacevoli o semplicemente parassiti. Il pensiero non disciplinato è per sua natura ossessivo, salta ininterrottamente come una scimmia da un oggetto all'altro, senza mai fermarsi. Se, come diceva Simone Weil, noi siamo la nostra attenzione, noi siamo propriamente libe-

---

[29] Nella descrizione di questi principi mi muovo al livello in cui la necessità di una relazione di lavoro è ormai acquisita. Lo dico per non alimentare equivoci come quelli tipici dei consumatori di libri di auto-aiuto che immaginano di poter fare tutto da sé, con l'aiuto di qualche manuale, al di fuori di una relazione valida (di terapia, di counseling o di coppia: ma comunque dotata di una buona alleanza di lavoro). Può darsi che in qualche raro caso sia possibile, ma io non l'ho mai visto. Quindi per me la prima cosa è la relazione: che è necessaria ma non sufficiente. C'è anche un lavoro che il ricercatore deve fare per conto proprio (CdS 6).

[30] Il solo fatto di dirigere l'attenzione al respiro tende a calmarlo, ma un effetto ulteriore può essere ottenuto modificandone deliberatamente il ritmo, la profondità o la qualità (diaframmatico o apicale).

ri solo nella misura in cui siamo in grado di padroneggiare la nostra attenzione, disincagliandola da tutto ciò in cui resta impigliata, vale a dire da tutto ciò con cui ci identifichiamo. Il governo dell'attenzione, di conseguenza, è molto più di un ansiolitico alla portata di tutti: è una conquista imprescindibile sulla via della liberazione da tutto ciò che ci aliena da noi stessi.

Io governo la mia attenzione se sono in grado di dirigerla dove decido io, e non dove è attirata da ogni sorta di stimoli interni o esterni, piacevoli o spiacevoli che siano. Ma per far questo ho bisogno di un luogo neutro, una base dove riportare e far riposare l'attenzione per impedire che sia continuamente ricatturata dal flusso dei pensieri. Da tempo immemorabile è noto che il respiro offre una base eccellente a questo scopo. Non è l'unico luogo dove l'attenzione possa stabilire una sua casa base, certamente. Diversi tipi di immagini o di suoni, soprattutto se carichi di valore simbolico, possono svolgere la stessa funzione, e per alcune persone anche meglio[31]. Ma il respiro ha un'importanza particolare, per la sua posizione di *cerniera tra mente e corpo*. Il respiro aiuta a liberare l'attenzione dalla mente per dirigerla sul corpo, al fine di individuare e sciogliere blocchi e tensioni. È un dato di osservazione comune che i conflitti che non trovano uno spazio mentale in cui essere ospitati ed elaborati finiscono per scaricarsi sul corpo. Il procedimento di cura può essere sintetizzato così: *chiudere gli occhi, respirare profondamente e lentamente, individuare le zone del corpo dove il respiro non fluisce bene, osservare bene le sensazioni* fino a cogliere l'emozione o il conflitto che è stato somatizzato. L'obiettivo non è semplicemente quello di rilassarsi, perché se la causa della tensione non è stata riconosciuta il rilassamento sarà di breve durata, come con qualsiasi ansiolitico. *Non c'è cura di sé senza conoscenza di sé.*

---

[31] A volte la ripetizione di un suono o di un mantra è la cosa migliore per salvarsi da una deriva ansiosa o depressiva. La ripetizione di un mantra può comunque essere considerata come una forma modificata di respiro.

Metto l'osservazione del respiro al primo posto di questo procedimento perché non si può pensare di fare molta strada senza una sufficiente padronanza dell'attenzione. È inutile lanciarsi in analisi approfondite o catarsi viscerali, se poi l'attenzione viene regolarmente ricatturata nei soliti circuiti di pensiero, di esperienza e di comportamento. Offrire un punto d'appoggio all'attenzione nel cammino di liberazione da tutto ciò che la imprigiona è dunque la prima funzione del respiro. Aprire un canale di comunicazione tra la mente e il corpo è la seconda. Ma c'è dell'altro. Il termine sanscrito *prana* significa sia respiro che vita o energia vitale, a dimostrazione dello stretto nesso che lega il respiro a un quid impalpabile, inaccessibile all'approccio empirico ma decisivo in quello esperienziale. Questo collegamento è testimoniato anche dal fatto che in quasi tutte le lingue la parola *spirito* ha la stessa radice di respiro – quando non è proprio la stessa parola, come nel greco *pneuma*. È come se il respiro fosse un canale privilegiato per entrare in contatto con una forza vitale, un'energia generativa e risanativa da cui dipendono il buon funzionamento e la vita stessa sia del corpo sia della mente, una forza e un'energia per indicare le quali la parola più indicata è probabilmente spirito, così affine a respiro.

Qualcuno ricorderà che questi seminari sono partiti, quando la nostra scuola non esisteva ancora, dai *Laboratori dello spirito laico*, dieci anni or sono. Sin dall'inizio lo spirito, rigorosamente laico, è stato una parola chiave nel nostro lavoro. Non abbiamo mai trovato una parola migliore per riferirci a un *ambito di esperienza che sta al confine e mette in relazione coppie particolari di opposti*, come oggetto e soggetto, parte e tutto, fenomeno e noumeno, visibile e invisibile, misurabile e immenso, finito e infinito, attuale e potenziale, parola e silenzio. La serie è caratterizzata dal fatto che il primo dei due termini, a differenza del secondo, è finito, oggettivabile e misurabile. La scienza empirica si occupa solo del primo termine di questa serie ignorando l'altro semplicemente perché è al di fuori della sua portata concettuale. Una ignoranza che non ha conseguenze particolarmente negative se l'obiettivo è la conoscenza del mondo naturale. Anzi, la conoscenza che si ottiene di questo mondo, grazie al metodo sperimentale-quantitativo-statistico, è la sostanza della scienza moderna, ai cui progressi e alle cui conquiste non vorremmo certo rinunciare. Tuttavia l'uomo non è solo un essere naturale, e la sua essenza non può essere colta con i mezzi della scienza empirica.

Che cosa distingue l'uomo dagli esseri naturali? Questa differenza è stata definita in molti modi. Ricorderete la definizione di Aristotele: l'uomo è quell'animale che ha il Logos, che almeno in prima approssimazione significa animale razionale. In un'altra definizione ricorrente l'uomo è un animale incompiuto, quindi alla ricerca inquieta del proprio compimento. In un'altra ancora, cara agli esistenzialisti, l'uomo è l'unico essere al mondo che ek-siste, cioè letteralmente *sta fuori* di sé, nel senso che è capace di osservarsi da fuori, di essere autocosciente. Tutte queste definizioni colgono aspetti diversi della stessa cosa essenziale. L'uomo *non è in pace con se stesso* come un grillo o un fringuello, grazie al semplice fatto di essere quello che è. Per l'uomo essere se stesso è un compito, non un dato di natura. Il monito filosofico per eccellenza – *conosci te stesso* – significa in primo luogo *conosci ciò che sei diventato*, e in secondo luogo *conosci ciò che puoi essere*, e quindi *diventa ciò che sei*. A Pindaro non sarebbe mai venuto in mente di rivolgere quell'invito a uno scoiattolo, perfettamente a suo agio nella sua pelliccia.

Lo scarto tra ciò che siamo e ciò che più o meno oscuramente sentiamo di potere o dovere essere è quello che essenzialmente ci distingue dagli esseri naturali. Di questo scarto, cioè di noi stessi, possiamo fare infinite cose, dalle più nobili alle più abiette. Tutto dipende da come ci collochiamo nella serie di opposti elencati sopra: l'attuale e il potenziale, la parte e il tutto, il visibile e l'invisibile... Se non riusciamo a capire qual è il nostro potenziale e non ci prendiamo la responsabilità di realizzarlo, resteremo bloccati nella situazione in cui ci troviamo, con la sensazione di sprecare la nostra vita – e con l'unica consolazione, tanto magra quanto popolare, di convincerci di essere vittime del destino, della malvagità del prossimo o della nostra stessa incapacità, e l'unico dubbio se affibbiare la colpa del nostro fallimento a noi stessi o al mondo. Se non riusciamo a sentirci parte di una totalità, come una cellula lo è di un organo e questo dell'organismo, non potremo nemmeno capire che il nostro benessere e la nostra realizzazione dipendono dal trovare il giusto posto nel tutto di cui siamo parte, e consegneremo la nostra esistenza a una conflittualità perenne e distruttiva con gli altri, irrimediabilmente sentiti come estranei. Se non riusciamo a intuire che tutto ciò che vediamo è la manifesta-zione visibile di un universo di forze e possibilità invisibili, non potremo attingere a una ricchezza di risorse della cui esistenza non abbiamo alcun sospetto.

Se l'uomo è questo *essere di confine* tra la serie di opposti che abbiamo enumerato, tutti riconducibili alla coppia di base fi-nito-infinito – se l'uomo è questo essere insieme mortale e im-mortale – la chiave della sua esistenza sta nel trovare una sintesi, una integrazione vitale tra i due versanti del suo essere. La parola spirito è stata spesso usata in ambito filosofico per indicare il mo-vimento che mette in relazione gli opposti di questa serie. Alcuni autori[32] chiamano *trinitaria* la dialettica che mette in relazione l'infinito con il finito, o il silenzio con la parola (il padre e il fi-glio, nel simbolismo cristiano): il terzo elemento, lo spirito, unifi-ca i primi due (ne rivela l'identità come *coincidentia opposito-rum*) pur mantenendone la differenza. Lo spirito è il movimento che unifica senza cancellare la differenza. *L'essenza spirituale dell'uomo* – quel nucleo in cui l'uomo è più essenzialmente se stesso – *corrisponde al suo essere insieme finito e infinito, unico*

---

[32] R. Panikkar, *La dimora della saggezza*, 2005; M. Vannini, *Il volto del Dio nascosto*, 1999.

e universale, immanente e trascendente (io sono me stesso in tutte e al di là di tutte le mie manifestazioni).

È stato detto che lo spirito soffia dove vuole. Vero, ma in primo luogo soffia nei nostri polmoni. Non è assolutamente un caso che il respiro e lo spirito si dicano quasi allo stesso modo. Quando la dialettica tra la parte e il tutto è bloccata in qualsiasi punto e per qualsiasi motivo, quando ci troviamo in un'impasse totale, ridotti alla completa impotenza, possiamo sempre, se siamo ancora vivi, *respirare*. E respirando ci tiriamo fuori da qualsiasi difficoltà, nel senso che letteralmente la osserviamo da fuori: io sono qui e respiro, la difficoltà e lì e la sto guardando. Sono pieno di dolore, guardo il mio dolore. Sono pieno di rabbia, osservo la mia rabbia. In un primo tempo grazie al respiro prendo coscienza di – e le distanze da – emozioni represse e bloccate. In un secondo tempo entro gradualmente in contatto con un senso di forza e di potere provenienti da un'area di me stesso che è al di là della rabbia e del dolore. Se mi lascio catturare dai pensieri e dalle emozioni mi rendo impotente, mentre il respiro apre la strada che conduce a un centro di calma e di potere. Il potere di essere libero da qualsiasi costrizione: non per rifugiarmi in qualche nirvana fuori dal mondo, ma per rientrare nel mondo senza farmene catturare. Grazie al respiro, allo spirito che trovo nel respiro, posso essere, come dice l'antica formula, nel mondo senza essere del mondo.

Occorre aggiungere che naturalmente non basta respirare, staccarsi e osservare: è necessario anche accogliere incondizionatamente ciò che osserviamo. Questo ci porta al secondo punto del metodo, di cui parleremo nel prossimo seminario.

6.

Accettazione e flusso

Riprendiamo il primo passo del metodo indicato con l'acronimo RAF. La lettera R sta per Respiro, più precisamente per *respiro consapevole*. La pratica della respirazione consapevole è nota da millenni. La ricerca empirica degli ultimi decenni ha dimostrato che esercizi di questo tipo sono efficaci nella riduzione dello stress e nella produzione di stati di benessere mentale. La testimonianza che viene da un lato da antiche culture, dall'altro da ricerche recenti, incoraggia quanto meno a provare una metodica che è raccomandata da fonti così lontane e diverse. Tuttavia non è a queste fonti *tradizionali o empiriche* che io mi appoggio, bensì a una ricerca le cui basi sono *logiche ed esperienziali*. Occorre riflettere su due modi radicalmente diversi di intendere l'impresa scientifica. Il primo è quello della scienza moderna che negli ultimi secoli ha trasformato il mondo; l'altro era in auge presso gli antichi, e dopo essere stato oscurato dall'avanzata trionfale della scienza moderna è stato riscoperto e aggiornato dalla fenomenologia. Il primo consiste essenzialmente nel sottoporre le teorie alla prova dell'esperimento. Quello che conta sono i *dati oggettivi*, possibilmente misurabili, comunque ripetibili e verificabili da osservatori indipendenti. Il secondo non è orientato all'oggetto, ma al *soggetto* della conoscenza, la cui visione deve essere il più possibile liberata da tutto ciò che la oscura: pregiudizi, aspettative, condizionamenti di ogni sorta, per poter osservare le cose come si mostrano nella loro essenza. In un caso la conoscenza è orientata a oggetti o costruzioni mentali, come sono le teorie, i questionari, le interviste, i trascritti delle sedute: è quindi una conoscenza oggettiva sì, ma di oggetti mentali. La seconda è diretta al soggetto, per liberarlo da tutto ciò che offusca la sua visione delle cose: quindi in ultima analisi è orientata non agli oggetti, che sono costruzioni mentali, ma *alle cose stesse*, per come essenzialmente si mostrano alla visione nella misura in cui è liberata da condizionamenti teoretici. Naturalmente nulla vieta di ibridare e combinare in ogni modo possibile i due approcci, che restano tuttavia fondamentalmente diversi: il primo specialmente adatto alle scienze naturali e al modello tecnico-procedurale di cura, il secondo alle scienze umane e al modello dialogico-processuale.

Ricordiamo lo *Junktim* freudiano, cioè il legame indissolubile tra cura e ricerca. Come è possibile, ragionava Freud, capire davvero qualcosa della psicoanalisi, se non attraverso un'immersione prolungata nel campo della cura, nel corso della quale tanto l'analista quanto l'analizzante sono profondamente in gioco nella relazione di transfert e controtransfert? La ricerca sui contenuti specifici del campo della cura è inseparabile dalla ricerca di sé, la conoscenza dell'inconscio dell'altro va di pari passo con la conoscenza del proprio. La *regola fondamentale* della psicoanalisi è l'ingiunzione dell'analista all'analizzante di riferire i suoi pensieri senza riserve, abbandonando il più possibile il controllo di quello che dice per lasciar emergere tutti i contenuti inconsci che il controllo cosciente cerca di escludere. Parallelamente, l'analista impone a se stesso la regola dell'*attenzione liberamente fluttuante*, perfezionata da Bion con l'ingiunzione di sospendere memoria e desiderio[33]. La ricerca dell'analista è insepa-

---

[33] Riporto al riguardo un passaggio del mio lavoro "*Il soggetto meta: libertà da memoria e desiderio*", 2005. «Come potrà un analista, indottrinato al punto di identificarsi con una determinata teoria, distinguere ciò che appartiene al paziente o al processo analitico dal suo desiderio di veder confermata la teoria da cui dipende la sua identità professionale e la sua appartenenza a un gruppo da cui sa che sarà espulso nel momento in cui non professerà più la fede nella dottrina che lo tiene assieme, come è sempre accaduto sin dai tempi di Jung e Adler? Qui si inserisce la raccomandazione di Bion di coltivare una disciplina mentale in cui sono sospesi la memoria e il desiderio. Non si tratta evidentemente di annullare il flusso di memorie, desideri, immagini e concetti che si presentano spontaneamente alla mente dell'analista, come Bion ha precisato

rabile da una *disciplina dell'attenzione*, in mancanza della quale è inevitabile che l'attenzione sia catturata non solo da pensieri ed emozioni di ogni sorta, ma dalle stesse teorie con cui l'analista si identifica, col risultato che ciò che si osserva sono costrutti teorici e non le "cose stesse". Anche in altre tradizioni, come quella buddista, è fondamentale la pratica di una disciplina dell'attenzione per una conoscenza autentica, cioè non intellettuale, delle cose[34].

---

quando si è reso conto che la sua indicazione era fraintesa (Bion, 1967, p. 383). Ciò che va sospeso è tutto ciò che allontana l'analista dal momento presente e da un atteggiamento che permette al processo di svilupparsi secondo la propria logica e necessità interna, piuttosto che secondo le sue aspettative personali o di scuola. Ma su questo bisogna intendersi, per non cadere nell'errore di pensare che il presente di cui Bion parla sia un presente in cui il passato e il futuro non hanno più alcuna parte. Quando ho proposto l'*epoché* fenomenologica o la sospensione di memoria e desiderio (discipline ampiamente sovrapponibili) come chiave metodologica per l'osservazione dei fattori comuni in psicoterapia (comuni a tutte le pratiche, indipendentemente dall'orientamento teorico del terapeuta), mi è stato più volte obiettato che non è possibile lavorare né capire alcunché senza qualche teoria. La risposta a questa obiezione è che non c'è nulla di sbagliato nell'avere delle teorie, anzi è bene averne molte a disposizione. Ciò che produce zone di opacità nell'osservatore non sono le teorie, ma l'*identificazione* con le teorie. La sospensione di tutte le teorie e del desiderio di vederle confermate o confutate fa sì che nel momento dell'osservazione si presentino alla mente dell'analista, in libera associazione o fluttuazione, tutti i ricordi, le immagini, i concetti, le teorie che spontaneamente si collegano alla situazione presente. È evidente che tutto questo materiale contribuirà a dare senso e forma all'esperienza in corso – quanto più ricca è l'esperienza dell'analista, tanto più piena e articolata sarà la comprensione del processo attuale. In questo modo l'analista può *far uso* di tutto il materiale che affiora alla sua coscienza – di tutta la sua memoria e il suo desiderio – *senza esserne condizionato*».

[34] Riporto ancora dal testo citato sopra: «È uno stato ben noto e ampiamente descritto nella letteratura buddista (vedi per esempio Deshimaru, 1978, p. 12: "Appena il pensiero cosciente si interrompe, il subcosciente, non essendo più arginato dalle barriere della coscienza, scorre liberamente; d'altronde, l'osservazione del subcosciente che passa davanti all'occhio della coscienza conduce alla vera comprensione, cioè a quella non intellettuale, di questo subcosciente"). Bion, al pari degli autori buddisti (e forse influenzato da questi, come pensa Speziale-Bagliacca, 1984), sottolinea l'importanza di una comprensione intuitiva "vera" (la comprensione che deve essere sospesa è quella "intellettuale", condizionata da memoria e desiderio), e di una disciplina "permanente, durevole e continua" del tutto simile alla meditazione *mindful* dei buddisti, senza la quale la "mente aperta, libera da ogni preconcetto" racco-

La psicoanalisi riprende la prospettiva ampiamente diffusa nell'antichità, in Occidente come in Oriente, in cui *la conoscenza di sé è essenzialmente collegata alla cura di sé*, e preliminare alla conoscenza del mondo.

L'esercizio di consapevolezza che consiste nel riportare continuamente l'attenzione al respiro può essere visto come una variante della pratica dell'attenzione liberamente fluttuante. L'attenzione fluttua su tutto ciò che si manifesta in un momento dato nel campo di coscienza, incluse le teorie sulla cura, ma non si lascia catturare da nulla perché ritorna continuamente al respiro, che si presta particolarmente bene a fornire una base neutra cui ritornare e da cui ripartire in un movimento realmente libero in quanto affrancato da qualsiasi contenuto teorico. In mancanza di uno spazio cognitivamente neutro, realmente *meta-cognitivo*, è abbastanza probabile che l'attenzione, per non smarrirsi nel flusso caotico dei pensieri, finisca per trovare la sua base in qualche costruzione mentale[35]. Il lavoro della cura non potrà allora consiste-

---

mandata da Freud resterebbe una semplice aspirazione. Inoltre Bion chiarisce che la sospensione di memoria e desiderio non può in alcun modo essere data per scontata perché ne va dell'identità del soggetto ordinario, che come Benvenuto rileva è intessuta di memoria e desiderio. In altri termini, il soggetto non può attuare quella sospensione senza sentirsi letteralmente mancare la terra sotto i piedi: un'esperienza "catastrofica", avverte Bion (1970b) che non può essere tollerata finché la "Fede in O" non si è stabilita. Un passaggio, anche questo, ampiamente documentato nella letteratura buddista. Il soggetto ordinario, ancora "addormentato" nel suo involucro di memoria e desiderio, deve gradualmente "svegliarsi", cioè prendere coscienza della sua libertà incondizionata, del suo essere un "soggetto *meta*". Mentre il soggetto ordinario poggia su una base di memoria e desiderio, il soggetto *meta* se ne sta sospeso nel vuoto, cosa evidentemente intollerabile fino a che questo vuoto non è sentito come una dimensione generativa e rigenerativa: fintanto che, appunto, la Fede in O non si è stabilita».

[35] Riporto un ultimo passaggio dal lavoro citato: «Renik contesta da una posizione radicalmente intersoggettivista la "convinzione [di Elisabeth Spillius] di esser capace, in certi momenti della seduta analitica, di fare un passo fuori dall'interazione con la sua paziente per collocarsi in una posizione di auto-osservazione oggettiva. Spillius non spiega come le riesca questa fuga dalla soggettività" (Renik & Bott Spillius, 2004). La Spillius non lo spiega perché al pari di molti altri analisti tende a dare per scontata una possibilità che in altre

re in altro che nel confronto tra le costruzioni del terapeuta o counselor e quelle del cliente, un confronto la cui validità non potrà essere valutata dall'interno della relazione di cura, data l'inesistenza di un luogo neutro da cui effettuarla. Di qui l'obbligo della verifica empirica, extra-clinica, per ogni approccio implicitamente o esplicitamente costruzionista.

Dovrebbe essere ormai chiaro che la disciplina continua esercitata dall'analista, dal terapeuta o dal counselor di collocarsi nella posizione "meta" è *necessaria* per liberare la facoltà intuitiva dalle opacità che la offuscano, ma *non sufficiente*. Lo sarebbe solo se esistesse una posizione meta assoluta, un "occhio di Dio" che vede le cose nella loro essenziale verità. Ma la posizione meta è come la sofia per il filosofo: un punto a cui tendere, una stella polare che orienta il viaggio, non un luogo in cui un essere umano possa installarsi in modo stabile e definitivo. Abbiamo distinto nettamente la ricerca umanistica da quella empirica, e chiarito che la prima, a differenza della seconda, non aspira a un ideale di neutralità asettica depurata da qualsiasi contaminazione soggettiva. La personalità del ricercatore, la sua storia, la cultura in cui è immerso, influenzano inevitabilmente la sua visione delle cose. Ma abbiamo visto anche che questo non è un male, posto che: *primo*, il ricercatore pratichi sistematicamente la disciplina fenomenolo-

---

tradizioni, come il Buddismo e la fenomenologia, è vista sì come reale, ma solo per chi è disposto a sottoporsi a una disciplina impegnativa e continua, e solo nella misura in cui il suo sforzo ha successo. In mancanza di questa, appare più realistica la posizione di Renik per cui ogni percezione non è altro che una costruzione basata su ciò che il soggetto si aspetta di percepire, e la seduta analitica non è altro che il confronto tra le costruzioni del paziente e quelle dell'analista. Essendo fuori questione la possibilità di stabilire, *dall'interno* di questo confronto, la validità del cambiamento, data l'impossibilità del soggetto di prendere le distanze da se stesso, il giudizio di validità dovrà necessariamente essere delegato, riconosce Renik, a osservatori *esterni*, che procederanno con i metodi della ricerca empirica. È il punto d'arrivo della filosofia popperiana che ispira attualmente la gran parte della ricerca empirica in psicoterapia: non ha nessuna importanza in che modo il ricercatore sia arrivato a formulare la sua ipotesi, conta solo se questa ipotesi riuscirà a superare la prova empirica».

gica dell'epoché, cioè la sospensione di ogni sapere, giudizio e aspettativa che gli permette di sviluppare la visione intuitiva dell'essenza delle cose; *secondo*, che le intuizioni così ottenute siano trasformate in ipotesi da sottoporre ad analisi razionale-critica a diversi livelli di confronto intra- e intersoggettivo: dal dialogo interno, in cui il soggetto sottopone personalmente a indagine critica le proprie intuizioni, a quello con diversi interlocutori (clienti, supervisori, colleghi) in cui l'esperienza propria è sistematicamente confrontata con quella altrui. In altre parole, abbiamo due accessi alla verità delle cose, uno intuitivo (noetico) e l'altro argomentativo (dianoetico). Il primo è il più convincente, perché corrisponde a una visione diretta delle cose, ma anche potenzialmente ingannevole (possiamo vedere cose che non esistono, come nell'intuizione delirante o nel *wishful thinking*): per questo deve essere corredato da buone argomentazioni in grado di smascherare l'eventuale autoinganno. Il continuo e sistematico confronto delle nostre intuizioni e argomentazioni con quelle altrui (dialettica noetico-dianoetica) promuove un grado progressivo di validazione delle nostre conoscenze, ed è la *sostanza del metodo scientifico*, di cui il metodo sperimentale della scienza moderna è solo una applicazione particolarmente adatta allo studio dei fenomeni naturali, ma non altrettanto a quello dei fenomeni umani, che mal si prestano ad essere oggettivati.

Con queste premesse vediamo brevemente gli altri due punti del metodo RAF. La seconda lettera, A, sta anzitutto per *accettazione*. Per dire *a* apriamo bene la bocca, e ciò fa sì che questa lettera, particolarmente nella lingua italiana, bene si presti a fare da iniziale per parole che indicano varie modalità di *apertura*. Di fronte a un ostacolo insormontabile, a una realtà spiacevole ma immodificabile, non resta che *arrendersi*. È il primo passo, ma come sappiamo la resa è depressiva più che liberatoria, se è subita più che veramente accettata. L'accettazione a sua volta ha in sé una vena di rassegnazione, se non sale al livello di *accoglimento* della contrarietà: un paradossale saluto di benvenuto che è possibile nel momento in cui nella difficoltà si coglie un'opportunità (*kairòs*). Ma l'apertura può giungere a un livello ancora più alto. Il motto episcopale del cardinal Martini è *Pro veritate adversa diligere*, che Mancuso[36] traduce *Per amore della verità amare (anche) le avversità*. Io preferisco tradurre *abbracciare* le avversità. Io non sono abbastanza santo da amare le contrarietà, ne farei a meno. Amo la verità, non le avversità. Ma se arrivano, cerco di abbracciarle, per amore della verità. Perché una cosa che accade, accade nella realtà: abbracciarla equivale ad abbracciare la realtà, e se abbraccio la realtà, la realtà abbraccia me. Se la rifiuto, anche solo un poco, rifiuto anche la verità, perché è impossibile rifiutare la realtà senza fare ricorso alla capacità di autoinganno, una delle più coltivate e sviluppate dall'Homo sapiens.

È possibile vedere, e soprattutto sentire, i diversi livelli di A a livello corporeo, in particolare nelle braccia. Al livello zero ci sono le *braccia conserte*, che esprimono chiusura. Prima ancora c'è il livello meno uno, con le mani *chiuse a pugno*, pronte a combattere. Quando la sconfitta è inevitabile e dobbiamo proprio arrenderci, ci *cadono le braccia* (livello uno). La resistenza è ancora forte, ma c'è almeno un inizio di apertura. Al livello due c'è un inizio di accettazione attiva: *e va be'*, *it's ok*. Le braccia si allontano leggermente dal tronco, sono un po' più toniche. Al livello tre le braccia si alzano e si allargano ancora: *benvenuto, welcome*: è un vero accoglimento. Al livello quattro le braccia si aprono completamente e si alzano a livello del cuore: è l'*abbraccio*. Pochi psicoanalisti, affetti come sono da fobia del contatto fisico, ci arrivano. È più facile che ci arrivi un counselor.

Si vede lo stretto legame tra il fattore A e la verità. Come è possibile essere nella verità e nel rifiuto della realtà nello stesso tempo? Con il fattore R abbiamo preso le distanze da ciò che osserviamo, abbiamo imparato a non farci condizionare: ma la di-

---

[36] Vito Mancuso, http://www.youtube.com/watch?v=7XKgSYGIb4E

stanza non è accettazione. Io sono qui, tu sei lì. In una situazione ancora più difficile si trova il ricercatore empirico che prende certamente le distanze dal suo oggetto di studio, ma senza una pratica di respirazione consapevole, che non è prevista nella ricerca empirica, gli è difficile fare altrettanto con la sua teoria. La consapevolezza ci permette di liberarci dalla schiavitù del pensiero compulsivo, e quindi siamo più vicini alla verità. Siamo nella posizione del testimone, che comunque mantiene ancora una distanza tra sé e la cosa testimoniata. La spaccatura tra soggetto e oggetto, tra sé e non sé, è funzionale alla vita, ma è solo un momento di un processo. La separazione tra sé e l'altro è implicita nella dialettica della vita, è un momento necessario del processo, purché il movimento dialettico, che ad ogni antitesi fa seguire una nuova sintesi, non sia perduto. Alla ricerca empirica, che fissa rigidamente la separazione del soggetto dall'oggetto, sfugge la dialettica della vita, e di conseguenza le verità che scopre sono solo mezze verità, *verità oggettive, non verità del mondo della vita*, in cui si ripropone e continuamente si ricompone la frattura tra soggetto e oggetto. La ricerca esistenziale, che non è empirica ma fenomenologica, ermeneutica e dialettica, punta a una verità che non è parziale – limitata agli oggetti fissati dalla spaccatura del mondo in soggetto e oggetto, oggetti della mente calcolante, tecnica e manipolativa – ma globale e unitaria. Punta alla conoscenza del mondo della vita, di cui il mondo della scienza empirica e della tecnica è solo una parte.

Infine la terza lettera, F, che sta per *flusso, flow*. Pensate a uno sciatore provetto che scende lungo una pista difficile pennellando le curve alla perfezione. Probabilmente il suo stato di coscienza si avvicina a quello che Csíkszentmihályi ha chiamato *flow*: uno stato che corrisponde a un'esperienza di completo assorbimento in un'azione che richiede un tasso elevato di padronanza tecnica. Se l'impresa è di particolare difficoltà, tanto che occorre un grado corrispondentemente alto di maestria per padroneggiarla, l'attenzione ne è totalmente assorbita. Per qualche attimo lo sciatore dimentica se stesso, diventa tutt'uno con lo sciare. È un fenomeno che si può osservare in molte discipline sportive o artistiche: il danzatore sparisce, c'è solo la danza; non c'è più il nuotatore, c'è solo il nuotare. Molti hanno avuto questa esperienza con la meditazione: non sono più io che respiro, è l'universo che respira in me; il grande spirito prende il posto del piccolo spirito. Poi però lo sciatore arriva in fondo alla discesa, il nuotatore esce dalla vasca, l'ora di meditazione finisce e tutti rientrano nell'esistenza normale. La consueta barriera tra sé e il mondo, o tra soggetto e oggetto, si ristabilisce salda come prima. Sono momenti che Maslow chiamava *peak experiences*, esperienze vetta. Probabilmente qualche momento di questo tipo l'abbiamo sperimentato tutti qualche volta nella vita, grazie alla pratica di qualche disciplina o per una combinazione temporanea di circostanze particolarmente favorevoli. Ma che cosa ce ne facciamo, una volta tornati in pianura?

Possiamo intuire come potrebbe essere la nostra vita, se fossimo capaci della concentrazione sperimentata in quei momenti speciali. Ricordate che cosa ci ha insegnato Panikkar[37]: la concentrazione in senso proprio ed essenziale consiste nel *trovare il nostro centro e fissare in questo la nostra dimora.* È il punto in cui confluiscono l'*equidistanza* da, e la *partecipazione simultanea* a, ogni cosa. Quando siamo in questo stato di grazia sappiamo identificarci con tutto ciò che ci circonda, senza per questo restare intrappolati nel processo di identificazione. A questo punto ci avviciniamo superando i livelli d'identificazione propri dell'ego (e del superego) per attingere alla radice universale, sovrapersonale, della nostra identità. Sappiamo, perché l'abbiamo provato, che è possibile trovarsi almeno per qualche attimo in quel punto. Alcune persone, in ogni tempo e cultura, hanno testimoniato della possibilità di soggiornare in quel punto in modo abbastanza stabile:

---

[37] CdS 8

ma sono personalità eccezionali di santi o illuminati. La cosa può riguardare anche i comuni mortali come noi? Se sì, in che modo?

La questione del flusso, o della centratura, o della presenza, o dell'illuminazione, non si pone nei termini del tutto o nulla. Così come la questione del viaggio non si pone nei termini dell'essere o non essere arrivati. La descrizione o la testimonianza di livelli molto elevati di realizzazione raggiunti da qualcuno serve a prendere coscienza delle potenzialità che appartengono a tutti, e non per sentirsi degli infelici perché lontani da una meta che ci sembra irraggiungibile. Se abbiamo capito la verità fondamentale che la vita è ora, non in un imprecisato futuro quando avremo ottenuto ciò che adesso ci manca, allora sappiamo che la domanda giusta non è: quando arriverò?, ma: qual è il passo che posso e debbo fare adesso? Che cosa posso fare in questo preciso momento per uscire dallo stagno in cui si è impantanata la mia vita? Come minimo, posso respirare, calmarmi e accettare di trovarmi in questo pantano. Se sono qui, è perché la vita mi ha portato qui. Sta a me osservare con calma la trappola in cui mi trovo, non accusare il destino, gli altri o me stesso della situazione. Così capisco che quanto più mi agito, tanto più sprofondo nel pantano. Se mi calmo, accettando la situazione e osservandola attentamente, comincio a capire che cosa mi trattiene in questa situazione incresciosa, e che cosa mi permette di uscirne. Così esco dalla trappola, dalla situazione che mi paralizza, e ricomincio a fluire. E capisco che *questa è la cosa più importante: imparare a fluire nella situazione in cui mi trovo*, quale che sia – non arrivare in qualche posto meraviglioso o raggiungere qualche successo ambito o conquistare la donna dei nostri sogni o qualsiasi altra cosa immaginiamo ci darà la felicità, riscattandoci dall'infelicità cui ci consegna la mancanza della cosa cui assegniamo il potere di renderci felici.

7.

La cura processuale

Come abbiamo spesso ripetuto, il nostro insegnamento si regge e cammina su tre gambe: psicoanalitica, filosofica e artistica. Sono tre aggettivi di tale vastità che rischierebbero di rimanere etichette vuote, se non precisassimo il loro significato per il nostro lavoro, e se non lo facessimo più e più volte. Non si tratta per noi di scegliere più o meno arbitrariamente uno dei tanti orientamenti che oggi segmentano il campo psicoanalitico, ma di capire che cosa di ciò che il movimento psicoanalitico ha prodotto, da Freud ai giorni nostri, è funzionale al nostro obiettivo di cura di sé e del sé, intesa sia nel senso limitato nel tempo e negli obiettivi del counseling, sia in quello dell'analisi dialogico-dialettica che si spinge oltre quei limiti. Se confrontiamo le competenze di base della cura, come formulate per primo da Rogers – accoglimento incondizionato, considerazione positiva, comprensione empatica, congruenza e autenticità – con la classica posizione di un analista freudiano, orientata a creare le condizioni ottimali per un lavoro essenzialmente interpretativo, la differenza è a prima vista netta. In entrambi i casi si punta a ottenere un'esperienza significativa, ma mentre nell'uno questa è attesa dall'attività interpretativa dell'analista, a sua volta basata su una teoria dei dinamismi inconsci nell'ambito di una relazione benevola ma affettivamente asettica, nell'altro i significati tendono a emergere spontaneamente come frutto di una relazione empatica e carica di partecipazione affettiva.

D'altra parte, non tutti gli analisti seguono oggigiorno il modello classico dell'analista-specchio. Sembra, da diverse testimonianze, che non lo seguisse nemmeno Freud, contrariamente alle sue raccomandazioni. Il fatto è che da un lato c'è la teoria, e la tecnica basata su questa teoria, dall'altro c'è il *processo reale* che si sviluppa non solo in un trattamento psicoanalitico, ma in qualsiasi relazione di cura. Ciò che accomuna le diverse scuole psicoanalitiche è la fedeltà a un *metodo processuale*, cioè a una cura che è il prodotto di un processo che si sviluppa tra due persone, un analista e un cliente, grazie al fatto che una delle due è invitata e incoraggiata ad abbandonarsi al flusso delle associazioni, a dire tutto ciò che sente e le passa per la mente, mentre l'altra accoglie questo flusso con "mente aperta, libera da ogni preconcetto"[38]. Quanto più la mente è davvero aperta e libera da ogni preconcetto – quindi non condizionata dalle teorie del terapeuta – tanto più il processo tende a svilupparsi secondo la sua logica interna, mostrando quelle caratteristiche che sono comuni a tutte le relazioni di cura, da quella genitoriale in avanti. Il che significa che la ricerca sui fattori comuni si inserisce a pieno titolo in questo solco, essendone anzi lo sviluppo più coerente. Che cosa accadde in realtà nella storia della psicoanalisi? Accadde che Freud osservò alcuni aspetti di questo processo e si fissò su questi, rifiutando di prenderne in considerazione altri che a mano a mano venivano scoperti dagli altri analisti: i quali furono costretti, per sviluppare le loro scoperte, ad allontanarsi da Freud – e Freud a quel tempo *era* la psicoanalisi.

Ora, prendiamo la classica definizione data da Freud della psicoanalisi come di un metodo di indagine dei processi mentali, una terapia dei disturbi nevrotici e una teoria su ciò che viene acquisito per questa via. Per capire come dobbiamo intendere questa definizione è utile partire dalla domanda: Freud ha inventato o scoperto la cosa che ha chiamato psicoanalisi? In effetti è una domanda retorica. La risposta è obbligata perché, come è stato giustamente

---

[38] Freud raccomanda all'analista "la disponibilità a lasciarsi sorprendere ad ogni svolta con una mente aperta, libera da ogni preconcetto" (1912).

osservato[39], se la psicoanalisi fosse semplicemente un'invenzione di Freud cadrebbe automaticamente la pretesa di appartenenza della stessa al campo della scienza, e verrebbe meno qualsiasi argine all'arbitrio con cui chiunque può inventare la propria variante. Dunque che cosa ha scoperto Freud? Fondamentalmente ha scoperto un metodo, il metodo processuale definito sopra: una cura che è l'effetto di un processo messo in moto e alimentato da una modalità di ascolto caratterizzato da mente aperta e assenza di pregiudizi. Una cura davvero rivoluzionaria che non segue il modello psichiatrico, con una diagnosi e un trattamento effettuato secondo i criteri scientifici propri di ogni tempo e cultura, ma ha luogo portando alla luce le radici del malessere all'interno del processo che si sviluppa tra analista e paziente. Non si può certo rimproverare Freud di avere scoperto solo alcuni aspetti di questo metodo; piuttosto si deve osservare che il padre della psicoanalisi si affezionò molto ad alcune parti della sua creatura, mostrandosi abbastanza chiuso e intollerante verso altre che venivano via via scoperte da altri ricercatori.

Un aspetto molto importante del metodo processuale consiste nel fatto che in una relazione così costituita si crea uno spazio che invoglia il paziente a mettere in scena tutti i drammi che sono scritti dentro di lui, con la conseguente possibilità di prenderne visione e coscienza e quindi di modificarli. A questo fine Freud pensò bene di rendere la scena quanto più possibile neutra, facendola assomigliare a uno schermo bianco sul quale il paziente potesse proiettare il film dei suoi fantasmi. Diede quindi al metodo da lui scoperto un taglio particolare, che ha i suoi vantaggi ma anche i suoi inconvenienti. L'atteggiamento neutro e riservato facilita il compito dell'analista di dimostrare al paziente che ciò che lui gli attribuisce in realtà è farina del suo sacco; ma d'altra parte priva la relazione di quella linfa vitale di cui essa ha bisogno per essere più genuinamente curativa. Infatti è vero che la presa di co-

---

[39] Friedman, 1997.

scienza dei conflitti infantili ha un valore terapeutico – anche se, nell'opinione di molti psicoanalisti contemporanei, non così grande come Freud pensava. Ma è anche e soprattutto vero che il processo attivato dal metodo dell'ascolto scoperto da Freud ha in sé delle potenzialità curative molto maggiori, che sono risvegliate da una modalità di rapporto non così asettica come raccomandava Freud, ma piuttosto empatica, calorosa, e variamente interattiva in funzione dei bisogni evolutivi che il processo di momento in momento e di fase in fase fa emergere.

Alcuni aspetti fondamentali di questo modo più ricco di relazionarsi con il paziente o cliente corrispondono alle competenze di base del counseling che abbiamo più volte ricordato. Tutti sono concordi nel riconoscere in Rollo May e Carl Rogers i padri del counseling. Ma non molti sanno o ricordano che entrambi questi padri sono stati profondamente influenzati da Otto Rank, che May considerava il più grande genio misconosciuto della cerchia di Freud. Otto Rank occupava, all'interno di quella cerchia, un posto privilegiato: era molto stimato da Freud, di cui per circa vent'anni fu il braccio destro. Freud era sicuramente un grand'uomo, ma non un uomo perfetto. Il più grande dei suoi difetti, credo, era quello di non tollerare il dissenso. I più originali e creativi dei suoi allievi non poterono evitare di deluderlo, infrangendo i suoi *shibboleth*, i suoi dogmi. Così era capitato a Jung e ad Adler, e così capitò anche a Rank, a metà degli anni Venti. Jung e Adler crearono le loro scuole psicoanalitiche in cui portarono avanti le idee che all'interno della psicoanalisi freudiana non avevano spazio, senza per questo rinnegare le loro radici psicoanalitiche. E le loro scuole finirono per assomigliare a quella da cui si erano staccati, col caposcuola e relativi seguaci, gerarchie, rituali. Rank era diverso. Era profondamente laico. La sua mentalità laica fu probabilmente aiutata dal fatto di non essere medico[40], e

---

[40] Rank non era medico e non era nemmeno psicologo, nel senso che oggi diamo a questo termine (benché sia spesso presentato come "psicologo e psicoanalista" – del resto legittimamente, a patto di riconoscere che la sua psicologia

quindi dall'essere libero dai pregiudizi che condizionavano allora i medici – e oggi, aggiungerei, anche gli psicologi. Di fatto, la sua mentalità laica gli impedì di costruirsi attorno una società con dei seguaci come avevano fatto Freud, Jung e Adler, ma lo spinse a diffondere le sue idee in modo molto più libero. Oggi Rank è quasi dimenticato, ma le sue idee sono state portate avanti da chi più di ogni altro le ha raccolte: May e Rogers. Ritengo che il counseling, creatura di questi grandi padri, sia da intendersi soprattutto come uno sviluppo delle idee di Rank, e quindi come *una forma di psicoanalisi laica*[41]: laica nel senso originario della parola, che significa popolare, quindi non riservata ad alcuna categoria particolare di professionisti. Un tipo di indagine e di cura che è competenza, diritto e dovere di ogni essere umano, e quindi deve essere accessibile a tutti, non ai soli medici e psicologi.

A differenza di Jung e Adler, Rank non si staccò mai troppo dalla sua base freudiana, che cercò solo di arricchire e correggere. Non rinnegò l'approccio interpretativo, ma volle che non fosse così esclusivo come aveva voluto Freud. La sua enfasi era sull'esperienza relazionale qui e ora, piuttosto che sulla ricostruzione archeologica del passato. L'io nella sua visione non è solo un mediatore di conflitti, ma è soprattutto il rappresentante temporale di una forza cosmica primaria, e la sua missione è quella di dare a questa forza delle forme appropriate all'esistenza nelle sue

---

non ha nulla a che vedere con la psicologia accademica di coloro che oggi rivendicano l'appartenenza esclusiva del counseling a quell'area). Era un Ph.D. (dottore in filosofia) i cui vasti studi e interessi spaziavano tra le arti e le *Geisteswissenschaften* (scienze dello spirito, *humanities*): storia, filosofia, estetica, etnologia, mitologia, religione. Era piuttosto un *antipsicologo*, convinto che solo il superamento dell'attuale "fase transizionale psicoterapeutica" avrebbe reso possibile una nuova era dell'umanità. Alla realtà biologica e psicologica di Freud Rank opponeva "il principio spirituale, l'unico che ha significato nello sviluppo di ciò che è essenzialmente umano" (Karpf, 1952). La sua ultima opera, incompiuta, si intitola *Beyond psychology* (Oltre la psicologia).

[41] Questa è la base dell'unificazione, nel nostro insegnamento, di counseling e psicoanalisi, in cui il counseling è un livello intermedio, limitato nel tempo e negli obiettivi, di una cura che giunge a compimento con la psicoanalisi dialogico-dialettica.

varie fasi. La salute non è principalmente una faticosa mediazione tra istanze in conflitto come gli istinti e i doveri, ma è nel suo senso più proprio una *vita creativa*. L'impulso creativo è concepito sul modello della nascita, un distacco non di rado doloroso da una matrice per una nuova generazione. L'essere umano è insieme creatore e creatura, e in ultima analisi tende a creare se stesso, a mettere al mondo se stesso. La nevrosi non è che il fallimento di questa tensione creativa, un aborto invece di una generazione, un modo distruttivo anziché creativo di essere. La cura, di conseguenza, consisterà nel riconoscere e disimparare le modalità distruttive di vita e di imparare l'arte di vivere, la vita come continuo atto creativo.

La versione di psicoanalisi di Rank è coerente con la definizione classica: un metodo di indagine, una cura di disturbi nevrotici, una teoria di ciò che è oggetto di indagine e di cura. Il metodo di indagine è fondamentalmente quello scoperto da Freud, ma liberato dal riserbo eccessivo, artificioso e disumanizzante voluto da Freud e restituito alla sua fisiologica interattività (l'analista agisce sempre e non può non agire, anche quando la sua azione si esaurisce nello sforzo di assomigliare a uno schermo bianco o a uno specchio – un'azione che ha i suoi effetti sulla relazione come qualsiasi altra). Il metodo di cura discende dalla visione di ciò che è "essenzialmente umano": il principio spirituale che fa dell'uomo un creatore. La nevrosi non è compresa con categorie psicologiche o psichiatriche, ma come "aborto" della pulsione generativa, che non riuscendo a creare diventa distruttiva. La cura consiste nel disattivare i modi distruttivi e attivare quelli creativi di vivere.

La visione della cura di Rank, oltre ad essere compatibile con la definizione che Freud ha dato della psicoanalisi, è sostanzialmente quella che ha ispirato la nascita del counseling di May e Rogers, una cura processuale orientata all'attivazione delle potenzialità creative del cliente. Rank, come Jung e Adler, avrebbe voluto restare nel movimento psicoanalitico, e ne uscì solo perché ne fu cacciato. Ciò nonostante tutti questi eretici considerarono la loro opera come un ampliamento e una correzione del metodo freudiano, e non come un tradimento. Jung, Adler e Rank continuarono a chiamare psicoanalitico il loro metodo, May e Rogers preferirono chiamarlo counseling, ma tutti restarono fedeli all'ispirazione *processuale* originaria, distinguendo nettamente il loro approccio dalla psicoterapia del modello medico. Da parte nostra abbiamo aggiunto l'aggettivo *dialogico* a quello processuale per definire un metodo che oltre che psicoanalitico è anche filosofico, essendo il dialogo il luogo proprio della filosofia, ma un po' trascurato dagli psicoanalisti che tendono quasi tutti, poco o tanto, a fissarsi sulle proprie teorie. Abbiamo poi chiamato *dialogico-dialettico* il nostro approccio per includere quella variante del dialogo – la dialettica, appunto – che è guidata, più che dal principio femminile dell'apertura e dell'accoglimento, da quello maschile della ricerca di nuove sintesi attraverso il contrasto[42]. Non ci è sembrato il caso di aggiungere un altro aggettivo per la terza gamba, quella artistica, del nostro modo di intendere la cura, dal momento che questo terzo versante è incluso nel primo, se consideriamo che la psicoanalisi è non meno arte che scienza – e questo è vero in particolare alla luce del contributo di Rank[43].

---

[42] CdS 6.

[43] Il counseling può essere inteso sin dalle origini, nelle sue radici, come una forma di psicoanalisi umanistica e laica, se diamo alla parola psicoanalisi il suo significato più proprio, oltre che comune a tutte le forme di cura che si richiamano alla psicoanalisi, di cura processuale. Ricordare questa origine e riconnettersi ad essa è particolarmente importante oggi, in Italia, in un momento in cui vasti settori della psicologia ordinistica hanno dichiarato una guerra senza quartiere alla laicità del counseling, al suo essere una professione aperta ai non medici e non psicologi. Il tentativo è di annettere il counseling al loro territorio, come una specializzazione per laureati in psicologia, sopprimendo in tal modo la sua laicità. L'unica cura che, secondo logica e secondo lo spirito della legge, deve essere riservata a medici e psicologi, è quella finalizzata al trattamento di disturbi patologici con procedure scientificamente validate per la cura di quei disturbi: cosa che la cura processuale certamente non è. Se peraltro è giusto pretendere che il counselor, con un percorso formativo di settecento ore e spesso senza nemmeno un diploma di laurea, debba limitarsi a consulenze mirate e

limitate nel tempo, sarebbe altrettanto giusto riconoscere che la formazione processuale del counselor, orientata alla *care* e non alla *cure*, è probabilmente la base migliore per procedere, con un supplemento formativo, oltre le colonne d'Ercole che presidiano gli spazi concessi ai counselor, per muoversi nel mare aperto della cura processuale senza limiti di tempo e profondità.

8.

Il gruppo Core

Il filosofo Roberto Esposito ha segnalato lo scarto vistoso tra la diffusione crescente della filosofia "mondanizzata" e la sua mancata incidenza nelle pratiche di vita[44]. È un'esperienza che molti hanno vissuto personalmente. Si va alla conferenza affollatissima del famoso pensatore, se ne ricava, ben che vada, qualche spunto di riflessione, e tutto finisce lì. Non che questo sia un argomento a favore della psicoanalisi, liquidata dal filosofo come una cosa «chiusa nelle pareti di un rapporto duale e asimmetrico tra medico e paziente», e quindi altrettanto incapace di incidere sulle pratiche di vita. Un giudizio che echeggia la nota diagnosi di Hillman: «Cento anni di psicoterapia e il mondo va sempre peggio». Insomma, la psicoanalisi e la psicoterapia non escono dal chiuso degli studi professionali, come la filosofia non esce dai circuiti specialistici, e se prova a popolarizzarsi non esce dalle piazze e dalle sale, per quanto affollate. Filosofia e psicoanalisi non riuscirebbero a entrare nelle pratiche reali, nella vita concreta delle persone[45]. Ma è proprio vero? Sì e no, a mio parere. Tanto gli incontri filosofici quanto quelli psicoanalitici favoriscono esperienze che possono essere anche profonde e intense, riuscendo a volte a produrre trasformazioni significative nei soggetti coinvolti. E tuttavia questi effetti, quando ci sono, stentano a tradursi in cambiamenti percepibili nel modo di vivere e relazionarsi delle persone. Paul Wachtel, professore di psicologia alla City University di

---

[44] R. Esposito, Filosofia prêt-à-porter. *La Repubblica*, 23 luglio 2012.
[45] Lo stesso scarto è stato osservato nel campo della meditazione. Scrive Sogyal Rinpoche (2009, p. 82): «Le persone vengono da me e dicono: "Medito da 12 anni, ma non sono cambiato granché. Sono ancora lo stesso. Perché?". Perché c'è un abisso tra la loro pratica spirituale e la loro vita quotidiana».

New York, ha fatto un'osservazione sul suo luogo di lavoro dove, come si può immaginare, tutti sono in analisi. Ora, chi è in analisi tende a parlare bene, a volte anche con entusiasmo, della propria analisi. Eppure, osserva Wachtel[46], alla soddisfazione che mediamente il paziente dichiara di provare per la propria analisi non corrisponde in genere la percezione, da parte di chi gli sta vicino – famigliari, amici, colleghi – di un cambiamento che giustifichi tanta soddisfazione. È lo scarto o scollamento segnalato sia da Hillman sia da Esposito.

Questo significa che andare in terapia e ascoltare i filosofi è inutile? Se lo pensassi, avrei cambiato mestiere. In ogni caso, se le persone continuano a investire il loro tempo e il loro denaro in queste pratiche, vuol dire che una qualche risposta ai loro bisogni la trovano. Una risposta forse necessaria, ma abbastanza spesso insufficiente a vincere la tendenza inerziale che ostacola il passaggio degli effetti benefici delle pratiche filosofiche e terapeutiche alla vita concreta, cioè essenzialmente alla rete di relazioni in cui si svolge la vita di ognuno. Questa inerzia non è che un aspetto particolare della generale resistenza al cambiamento che caratterizza tutti gli organismi viventi, che non potrebbero sopravvivere se una serie di meccanismi omeostatici non provvedessero a mantenere sufficientemente stabili sia l'ambiente interno sia quello esterno. Tuttavia, un organismo in evoluzione deve trovare un giusto equilibrio tra stabilità e cambiamento, nei limiti consentiti dalle risorse dell'individuo e della specie. Vale a dire, va bene mantenere immutata la struttura dei propri rapporti interpersonali se funzionano, ma se non funzionano la stabilità cessa di essere un bene e la resistenza al cambiamento deve essere affrontata e vinta. Qui la psicoanalisi ha un netto vantaggio rispetto alla filosofia, dal momento che l'analisi della resistenza è un aspetto centrale del suo metodo. In particolare, le resistenze a uscire dal *claustrum* della relazione duale medico-paziente, o analista-

---

[46] P. Wachtel, *Relational Theory and the Practice of Psychotherapy*, 2007.

analizzante, sono state superate, per cominciare, dall'affermarsi delle terapie di coppia, di famiglia e di gruppo. Un passo ulteriore è rappresentato dall'analisi reciproca, inaugurata da Ferenczi[47] alla fine degli anni Venti del secolo scorso, di cui il co-counseling è l'ultimo erede. È un passo di grande rilievo, perché comporta il *ritrasferimento* alla vita reale, e soprattutto alla relazione di coppia, del bisogno fondamentale di formazione permanente che era stato trasferito sulla relazione con lo psicoanalista. Benché la restituzione alla vita reale non sia semplice né indolore (per lo più, ma non sempre, il co-counseling deve essere affiancato per tempi più o meno lunghi da una terapia professionale regolare, e in ogni caso necessita di stretta supervisione), non se ne può sottovalutare l'importanza. Ci sono buoni motivi per pensare che alla mancanza di questa restituzione si debba l'interminabilità dell'analisi rilevata con rammarico da Freud alla fine della sua vita. L'analisi potrebbe terminare se il transfert fosse compiutamente risolto. Ma può essere risolta solo la parte riferibile a vissuti infantili insufficientemente elaborati: mentre non c'è risoluzione possibile se ciò che è stato trasferito è un bisogno permanente e inesauribile, come quello di una relazione dialogica continuativa con un compagno o una compagna di viaggio. Di conseguenza, se questo bisogno fondamentale non trova una risposta adeguata nella vita di tutti i giorni, è inevitabile tornare in analisi dopo un periodo più o meno breve di sospensione – posto che si voglia continuare il viaggio.

La trasformazione delle pratiche terapeutiche e filosofiche in pratiche di vita, la cui mancanza è denunciata da Esposito, non è dunque una fatalità insuperabile. Dipende dalla capacità e volontà degli specialisti – terapeuti o filosofi – di mettere i propri strumenti e le proprie competenze nelle mani dei non specialisti, vale a dire di tutti coloro che sono stati a scuola dai filosofi o in terapia dagli analisti, ma dopo un tempo più o meno lungo vo-

---

[47] S. Ferenczi, *Diario clinico*, 2004.

gliono applicare le competenze acquisite nelle loro reti relazionali attrezzandole in modo da poter ospitare al loro interno e gestire autonomamente degli spazi di cura reciproca che vadano al di là dell'accudimento e del soddisfacimento di bisogni elementari. La resistenza a questo passaggio si può dividere in parti uguali tra professionisti e clienti: questi che sperano di ottenere dalle relazioni professionali tutto ciò di cui hanno bisogno e di non doversi occupare d'altro, quelli gelosi delle loro competenze e poco disposti a trasmetterle ai profani, che poi non avranno più bisogno di loro[48]. È evidente, tuttavia, che la responsabilità maggiore sta dalla parte degli specialisti: sono loro che hanno l'esperienza e gli strumenti da trasmettere a chi non li ha. Sta a loro rinunciare al gergo per iniziati e utilizzare un linguaggio accessibile a tutti, o almeno a persone di media cultura, è di loro competenza lo studio e la pratica delle forme di attivazione delle risorse latenti in ognuno. Per esempio in psicoanalisi la coppia medico-paziente è stata sostituita da quella analista-analizzante, termini che definiscono un rapporto in cui ciascuno collabora per la sua parte all'impresa analitica. Così il counseling, rispetto alla psicoterapia, insiste sull'*empowerment*, sull'attivazione delle potenzialità del cliente, piuttosto che sull'applicazione di procedure tecniche da parte di un terapeuta. In particolare il co-counseling è lo sviluppo logico

---

[48] Un primo esempio di questo secondo versante della resistenza è la guerra dichiarata da ampi settori della psicologia ordinistica al counseling in quanto professione accessibile ai non laureati in psicologia. Un secondo esempio è fornito dallo stesso Esposito, che in un articolo successivo ("Ma Kant e Spinoza non diventano pop". *La Repubblica*, 17 agosto 2012) chiarisce il suo pensiero: «Il linguaggio della filosofia si può apprendere solo con un lungo, difficile, appassionato, apprendistato. Tutto il resto sono chiacchiere filosofiche». È verissimo che la lettura di Kant o Spinoza è ardua e certo non pop. Ma dividere la filosofia in una parte per specialisti e una per chiacchieroni è la tipica operazione elitaria degli specialisti gelosi della loro disciplina e per nulla disposti a trasmetterne i fondamenti e soprattutto le pratiche al di fuori della loro cerchia ristretta. Il che va benissimo se parliamo di chirurgia o ingegneria, ma non va affatto bene se parliamo di arte, filosofia o psicologia. La creatività, il pensiero, la cura di sé sono competenze umane generali, non possesso esclusivo di chierici o specialisti.

della condizione di reciprocità che in misura maggiore o minore si manifesta in ogni relazione di cura (bambini che proteggono i genitori, allievi che insegnano ai docenti, pazienti che curano i terapeuti).

Apparentemente il co-counseling è semplice. Gli allievi possono praticarlo già nei primi seminari, senza nessuna esperienza precedente. È sufficiente darsi i turni e applicare le competenze di base del counseling. Il cliente è incoraggiato a esplorare i propri vissuti e a parlarne liberamente, il counselor assume un atteggiamento di accettazione incondizionata e accoglie in modo empatico e non giudicante tutto ciò che viene dal cliente, evitando consigli e interpretazioni a meno che non ne sia esplicitamente richiesto. In realtà, come sa bene chi si è avventurato su questa strada, il lavoro non è affatto semplice. Parafrasando un antico teologo, possiamo dire che la cura è *naturaliter* psicoanalitica, perché in ogni relazione che non voglia fermarsi alla superficie è inevitabile imbattersi nei fenomeni del *transfert* e della *resistenza* – e secondo Freud[49] ogni cura che riconosca la centralità di questi fenomeni può dirsi psicoanalitica. Usiamo questi termini nel loro significato basilare accessibile a chiunque. Transfert è ciò che ognuno trasferisce, che lo sappia o meno, sulla relazione di cura: desideri, bisogni, paure, fantasie; e resistenza è tutto ciò che ciascuno mette in atto, in modo cosciente o inconscio, per opporsi al processo della cura. E come si possono proiettare sulla relazione sia schemi arcaici e stereotipati di cui occorre prendere coscienza per liberarsene, sia impulsi vitali e potenzialità creative, così la resistenza può esprimere il tentativo di proteggersi dalla fatica e dal dolore inevitabili nel cammino di conoscenza e di crescita, ma anche una ribellione sanamente autoassertiva a qualcosa che è percepito come tarpante o soffocante. Pensiamo a una qualsiasi relazione di coppia, al groviglio potenzialmente esplosivo di aspettative, con-

---

[49] S. Freud, *Per la storia del movimento psicoanalitico*, 1914.

flitti, frustrazioni, rancori che porta una percentuale impressionante di coppie a naufragare, e tra quelle che resistono la regola, piuttosto che l'eccezione, di conflitti sepolti o tenuti a bada, invece che affrontati e utilizzati per un cammino di crescita. Le coppie in cui si stabilisce un clima di alleanza e di mutuo aiuto in un cammino di consapevolezza sono una piccola minoranza.

La coppia, che è l'unità fondamentale della rete relazionale che tiene assieme il nostro mondo, è in condizioni di salute abbastanza precarie. Ha bisogno di aiuto, e può trovarlo, se lo cerca, in ogni sorta di terapie individuali, di coppia, di gruppo, mediazioni familiari e altro. L'offerta è articolata e abbondante. Quello che scarseggia è piuttosto l'aiuto, per la coppia che ha fatto un certo percorso terapeutico, a continuare il cammino in modo autonomo in una prospettiva di formazione permanente che nella psicoanalisi originaria, e nella psicoterapia come è generalmente intesa e praticata, è ben poco considerata. Per autonomia non intendo autosufficienza: come non è autosufficiente l'individuo, non lo è la coppia. Il riconoscimento del bisogno degli altri non significa dipendenza come condizione esistenziale insuperabile, ma l'inizio di un tragitto che per gradi conduce dalla dipendenza immatura a quella matura, poi all'interdipendenza e infine all'intersoggettività, intesa come un tipo di relazione in cui lo scambio e la condivisione avvengono senza più traccia di dipendenza.

Questo cammino di formazione, o più compiutamente di liberazione o di risveglio, suscita di regola resistenze così forti che è molto difficile, forse impossibile percorrerlo da soli. La coppia è per la maggior parte delle persone la base indispensabile sulla quale o intorno alla quale costruire *una rete di relazioni di cui la coppia è l'anello centrale*. Ma se per la cura reciproca nella coppia c'è una sostanziosa tradizione che parte dall'analisi reciproca di Ferenczi, passa per il counseling psicoanalitico di Karen Horney e arriva all'odierno co-counseling, per la rete di cui la coppia è un nodo la situazione è più confusa. Certo non mancano le comunità terapeutico-religiose né i gruppi filosofici o di sviluppo personale, quasi sempre organizzati in strutture gerarchiche e istituzionali[50]. Va benissimo, per un certo periodo più o meno lungo. Non andrebbe bene, invece, se il gruppo si esaurisse in questa dimensione istituzionale.

Un gruppo di lavoro, i cui partecipanti si prendono l'impegno di mettersi in gioco, è ben diverso dal gruppo di amici in cui pure possono esserci occasionalmente momenti forti e trasformativi, ma senza alcun impegno che non sia quello di mantenere e proteggere il legame affettivo che è l'unico vero collante del gruppo. Nel gruppo di lavoro invece il collante primario non è l'amicizia, ma la volontà di conoscenza e cura di sé attraverso il dialogo e il confronto. D'altra parte il limite è quello di tutti i gruppi: chi vuole può trarne molto vantaggio, ma chi resiste può mimetizzarsi con relativa facilità, guadagnando un senso rassicurante di appartenenza senza correre troppi rischi. Il gruppo è una fonte inestimabile di stimoli, ma c'è un'esperienza unica che solo il rapporto a due può dare. Il rapporto di un bambino con la madre e successivamente con il padre, più tardi quello con il compagno o la compagna, infine (o prima, o contemporaneamente) con una guida (guru, padre spirituale o analista) hanno un'intensità e un'esclusività che non è paragonabile ai rapporti, per quanto ricchi, con i fratelli, gli amici, i compagni di gioco, di scuola o di avventura. È come se la rete di rapporti in cui si sviluppa l'esistenza di un individuo avesse bisogno di un anello centrale (a volte anche di due) per trovarsi implacabilmente faccia a faccia con se stessi. Il partner e l'analista hanno diverse cose in comune: sono i destinatari da un lato di transfert primari materni e paterni,

---

[50] La nostra scuola non fa eccezione: anche qui c'è un'istituzione scolastica, con i ruoli ben distinti dei docenti e degli allievi, esami da superare e quote di iscrizione da pagare. Tuttavia, l'impegno prioritario da parte dei docenti di stabilire con gli allievi una relazione dialogica, e non autoritaria – un impegno che li rimette continuamente in gioco – crea una situazione di transizione tra la scuola tradizionale e il gruppo Core (v. oltre in questo capitolo).

con i relativi investimenti erotici e idealizzanti, dall'altro della richiesta di essere compagni di viaggio, del *vero* viaggio. Tuttavia i loro destini divergono: il viaggio con l'analista deve avere un termine, e se diventa interminabile c'è un problema, mentre il viaggio con il o la partner dovrebbe essere a vita, ma si interrompe se c'è un problema. E il problema c'è, in entrambi i casi: l'analisi, che dovrebbe avere un termine, tende a diventare interminabile, mentre il matrimonio, che dovrebbe essere a vita, ha una forte tendenza a terminare anzi tempo, o comunque ad arenarsi.

Del problema dell'analisi ci siamo già fatti un'idea. L'analisi può terminare davvero, e non forzatamente (nel qual caso prima o poi dovrà ricominciare) solo se il transfert è risolto. Ma mentre il transfert materno e paterno si risolve col raggiungimento di una sufficiente adultità da parte del paziente, il trasferimento sulla relazione analitica del bisogno di un compagno di viaggio non si può risolvere, a meno che la meta del viaggio non sia raggiunta. Ma è un'eventualità più che problematica: sarebbe come se il filosofo raggiungesse la sofia – è imprudente il solo pensarlo. Questa seconda componente del transfert, abbiamo visto, può solo essere ritrasferita, cioè restituita al mittente perché ne faccia qualcosa di diverso che tenerla depositata a vita in una relazione professionale. Ma dove può essere trasferita una domanda così impegnativa? La questione si pone in una cura di orientamento psicoanalitico, mentre non si pone di solito in una terapia di tipo cognitivo-comportamentale, semplicemente perché questa è attrezzata in modo tale da non lasciare spazio per il viaggio esistenziale. Liotti, un'autorità mondiale nel campo cognitivo-comportamentale, lo diceva molto chiaramente in uno dei nostri dibattiti[51]: se un paziente mi fa richieste di tipo spirituale io non me ne faccio carico, lo mando senza esitare dal sacerdote o dal rabbino. L'analista invece se ne fa carico, nel senso che accoglie

---

[51] T. Carere-Comes, P. Migone, *Dibattito post-congressuale*, 2002.

qualsiasi investimento o fantasia con l'intento di esplorarne il significato. Ma se poi questo significato si rivela di un ordine che supera il livello dei bisogni e desideri infantili, che cosa ne fa l'analista? Può dichiarare la propria incompetenza, come faceva Musatti che in questi casi consigliava di proseguire l'analisi con un collega junghiano. Oppure, se è uno di quegli analisti che incoraggiano i loro pazienti a cercare la verità prima che a stare meglio, può offrirsi egli stesso come compagno di viaggio per un pezzo di strada. Ma questa compagnia dovrà sciogliersi prima o poi. Che cosa succede a questo punto?

Che gliel'abbia consigliato Liotti o meno, l'ex-paziente può sempre rivolgersi a una guida religiosa. È una scelta più che legittima, se non altro perché è fatta ancora oggi da miliardi di persone. Il problema si pone per quelle persone che nell'analisi hanno cercato un'alternativa alla religione, e anche alla fine dell'analisi si ostinano a pensare che deve esserci una *via laica* alla ricerca esistenziale o spirituale – laica nel senso di totalmente affrancata, da un certo punto in avanti, dalla dipendenza da qualsiasi autorità chiesastica o professionale. Così il cerchio si chiude. Se abbiamo capito che il viaggio è a vita, che il bisogno di compagni per questo viaggio è cruciale e permanente, e abbiamo superato o vogliamo superare il livello della dipendenza dall'autorità professionale o spirituale di qualsiasi tipo, non c'è che una soluzione: trovare dei compagni al nostro livello, formando *una piccola rete di viaggiatori con almeno un anello centrale*. Nella fase di transizione il centro della rete può essere ancora occupato dalla relazione con l'analista, possibilmente in condivisione con un secondo anello costituito da una relazione di co-counseling. In prospettiva l'analista dovrà togliersi dalla posizione centrale, lasciandola alla coppia di co-counseling quando il processo di autonomizzazione sarà completato.

CORE è un acronimo per COnsapevolezza e REsponsabilità, i due principi cardinali che a mio parere debbono guidare un gruppo di viaggiatori laici. Inoltre in inglese, ma anche in napoletano, *core* significa cuore, anima, essenza. Il nome che propongo per questo tipo di gruppo di lavoro deriva sia dall'acronimo italiano che dalla parola anglo-napoletana: *una rete di persone collegate dalla decisione di viaggiare in modo consapevole e responsabile, in autonomia rispetto a qualsiasi autorità*[52], *alla ricerca del cuore o essenza di sé.* Definiamo brevemente, per ora, i due termini dell'acronimo. Consapevolezza significa presenza alla situazione che si sta vivendo. Per contrasto, l'inconsapevolezza o assenza segnala il fatto che l'attenzione non è libera, ma catturata da emozioni, pensieri, giochi, ruoli o meccanismi di qualsiasi natura. Sono consapevole significa dunque: sono presente a questa situazione, la osservo senza pregiudizi, libero da schemi mentali e aspettative. Questa libertà non significa che emozioni, schemi mentali e aspettative siano inesistenti – sarebbe impossibile. Significa solo che questi contenuti mentali non riescono a condizionarci. Le reazioni emotive e i pensieri automatici si producono continuamente, questo è inevitabile. È evitabile invece il fatto di esserne condizionati. Consapevolezza è appunto questo: un esercizio continuo per liberare l'attenzione da tutto ciò che la cattura, per non essere distolti dall'esperienza del momento presente.

La consapevolezza è inseparabile dalla responsabilità: significa essenzialmente prendersi la responsabilità della propria attenzione, quindi in senso ampio di sé, della propria vita. Tuttavia è importante affiancare esplicitamente il principio della responsabilità a quello della consapevolezza, perché se il legame tra i due principi è soltanto implicito ne può risultare un tipo di consapevolezza per così dire *a responsabilità limitata.* Ricordo per esempio come era centrale tra i seguaci di Osho l'esercizio della consapevolezza, ma all'interno di una relazione di resa incondizionata al guru. La stessa cosa ho visto tra i seguaci di Yoganan-

---

[52] Alla rete può certo partecipare un terapeuta, anche in posizione centrale, purché nella modalità di *primus inter pares*, vale a dire in relazione dialogica e paritaria e non tecnica con gli altri membri della rete.

da, di Maharishi e in genere nei gruppi religiosi, in cui l'esercizio della consapevolezza è subordinato a un grado più o meno alto di sottomissione al guru o all'istituzione che lo rappresenta. Il gruppo Core invece ha un'ispirazione profondamente laica, il che implica la messa in discussione radicale del principio di autorità e un'assunzione altrettanto radicale di responsabilità nei confronti della propria vita. Il che non significa non avere legami con vari gradi di dipendenza e interdipendenza e intersoggettività, ma solo assumersi la responsabilità di questi legami. Io dipendo dal cibo che mangio e dall'aria che respiro. Mi rendo conto della loro vitale importanza, e quindi me ne prendo cura. Lo stesso vale per i legami con le persone, e in particolare con i compagni di viaggio, le persone che condividono con noi un percorso di liberazione. Assumersi la responsabilità di questi legami significa riconoscere che ne abbiamo bisogno e prendercene cura, superando l'illusione di poterne fare a meno in nome di una fantasia anarchica di libertà. Distinguere la responsabilità dalla consapevolezza è anche un modo per sottolineare l'importanza della *vita in questo mondo,* rispetto a percorsi di consapevolezza un po' troppo spirituali che trascurano l'importanza di fare i conti con la realtà terrena, con tutti i suoi limiti, ma anche le sue risorse.

Terzo punto: Core come *core*, cuore, centro, essenza. Il gruppo Core è formato da persone che vogliono andare al *cuore delle cose*, all'essenza di sé e della vita. Persone che hanno capito o almeno intuito che esiste una profondità essenziale nelle cose, al di là delle forme in cui si manifestano. In questo viaggio in profondità si incontrano diversi livelli. L'essenza di un cavallo è la cavallinità, ciò che fa sì che un cavallo sia un cavallo e non una mucca, ed è comune a tutti cavalli. Un singolo cavallo muore, ma la sua essenza non muore e continua a manifestarsi in ogni singolo cavallo che viene al mondo. A un livello più profondo il cavallo è un mammifero: c'è un'essenza mammaliana che unisce il cavallo, la mucca e tutti gli altri mammiferi. A livello dell'essenza cavallo, il cavallo è diverso dalla mucca, ma a livello del mammifero sono entrambi membri della stessa grande famiglia. Proseguendo così, vediamo essenze sempre più vaste, fino all'intuizione di *un'essenza universale di cui l'universo visibile è la manifestazione*, un essere unico di cui tutte le forme o gli enti esistenti sono incarnazioni temporanee. La realizzazione graduale dell'unità essenziale della vita e del mondo permette di superare la condizione di alienazione e gettatezza che è la radice di ogni disagio esistenziale e di buona parte di quello patologico.

Con la *consapevolezza* prendiamo le distanze da una identificazione troppo stretta con le forme che ci troviamo a impersonare. Consapevolezza è osservazione distaccata e partecipe: mentre gioco mi osservo giocare, con un giusto distacco ma senza perdere la partecipazione appassionata al gioco. *Responsabilità* è accettazione incondizionata della propria situazione nel mondo basata sulla comprensione delle proprie risorse e dei propri limiti. La mancata percezione o accettazione di risorse e limiti genera pretese irrealistiche o rassegnazione rabbiosa e vittimistica. Questo approccio consapevole e responsabile alla vita, liberandoci dall'identificazione eccessiva con le forme, i ruoli, i meccanismi, i personaggi della nostra esistenza, consente un avvicinamento progressivo al cuore delle cose, all'essere di cui tutte gli enti sono manifestazioni più o meno durature ma irrimediabilmente caduche, alla vita eterna di cui ogni essere vivente è l'espressione nel tempo.

L'idea o l'intuizione dell'unità della vita contiene implicitamente anche le idee di bellezza, bontà o perfezione. La vita di un organismo come il corpo umano è impensabile senza il riferimento a un principio di unità che fa sì che i miliardi di cellule che lo compongono formino un organismo in cui ogni singola cellula ha il suo posto e la sua funzione, e non siano semplicemente un ammasso caotico e casuale di cellule. La vita di un organismo come il corpo umano, ma anche quello di una formica o di un fiore di campo, non può non suscitare un sentimento di meraviglia per tanta bellezza e armonia. A fronte di questi sentimenti di unità e perfezione, non possiamo tuttavia fare a meno di registrare anche sentimenti opposti di disarmonia, crudeltà, falsità, malattia, ingiustizia e ogni sorta di altre imperfezioni. Il lavoro del gruppo Core consiste nell'accogliere queste contraddizioni e inserirle in una prospettiva di senso. Per esempio, se pensiamo a un film in cui tutto è bontà e armonia dall'inizio alla fine, non andremmo sicuramente a vederlo, perché sarebbe di una noia mortale. Un film degno di essere girato, proiettato e visto è un film in cui accade qualcosa: anzi, più è complicata e difficile la situazione in cui viene a trovarsi il protagonista, più interessante è il film. Vogliamo vedere come se la cava, e usciremo contenti dal cinema se l'eroe ha affrontato bene, in modo coraggioso, ingegnoso e non banale, la sfida che il copione gli ha imposto. Il cinema ci piace tanto perché rispecchia la vita. Abbiamo bisogno di sfide per svegliarci, crescere, trovare noi stessi, e tanto più elevata è la sfida, tanto più alta è la posta in gioco.

Non dobbiamo pensare a sfide eccezionali come quelle di Indiana Jones o Lara Croft. Pensiamo alla sfida comune ma grandiosa di mettere al mondo dei figli. Una sfida da far tremare le vene e i polsi, che viene affrontata abbastanza spesso con una dose straordinaria di incoscienza e temerarietà. I nodi vengono al pettine quando i figli, immancabilmente, tradiscono le aspettative dei genitori. Come mai mio figlio risponde con tanta ingratitudine a tutti i miei sforzi, il mio amore e i miei sacrifici? Perché è così ribelle, pigro, o autodistruttivo? È abbastanza raro che dal modo in cui questa sfida è affrontata si possa ricavare un buon film. Il più delle volte i genitori accusano i figli di essere ingrati o lazzaroni oppure se stessi di avere fallito, con un'oscillazione sfibrante tra lusinghe, promesse, implorazioni e sgridate, minacce, punizioni, e un'alternanza tra stati d'animo di rancore e depressione. Il mio punto di vista sulla questione è questo: nessuno vi obbliga a mettere al mondo dei figli, ma se lo fate, fate in modo che sia un'avventura appassionante per voi e per loro. Se poi non avete figli ma avete investito la vostra vita su qualche altra impresa, è lo stesso: fate in modo che la vostra impresa sia un'avventura che vi pone di fronte a sfide importanti, che vi costringe a tirar fuori il meglio di voi stessi. E se vi trovate in una situazione difficile che non avete cercato ma che vi è capitata tra capo e collo senza che ci poteste fare niente, va bene lo stesso: è quella la vostra avventura. Ecco, il gruppo Core è composto da persone che in modo consapevole e responsabile vogliono metter il cuore in quello che fanno o nella situazione in cui la vita li mette, qualsiasi cosa sia.

9.

La scienza della cura

Per non perderci nella selva delle numerosissime varianti di psicoanalisi, o dei più disparati modi di intenderla, dobbiamo sempre tenere a mente che Freud ha scoperto, e non inventato, qualcosa[53]. Il metodo di cura scoperto da Freud, in cui il curante ascolta senza preconcetti e con attenzione liberamente fluttuante una persona che è incoraggiata a dire tutto ciò che sente e le passa per la mente, apre uno spazio in cui è possibile accogliere, esplorare ed elaborare ogni sorta di esperienze che difficilmente troverebbero nella vita di tutti i giorni un luogo per esprimersi in modo appropriato. L'unicità di questo spazio dipende dal fatto che le relazioni ordinarie sono generalmente cariche di aspettative, giudizi e regole che ostacolano lo sviluppo di un processo di chiarificazione, crescita personale e attivazione delle potenzialità latenti. Nel setting adatto, questo processo può prendere diverse forme e direzioni in funzione delle caratteristiche del cliente, del terapeuta e della relazione che si sviluppa tra i due. Questa molteplicità virtualmente illimitata di forme dimostra la capacità del metodo di adattarsi alle persone e situazioni più diverse, ma nello stesso tempo espone all'arbitrio di chi pensa che tutto sia possibile in nome della libertà creativa. Una *scienza della cura* di orientamento psicoanalitico deve pertanto indicare le coordinate fondamentali del campo in cui ogni *cura processuale* – cioè guidata dal processo che il metodo scoperto da Freud attiva e alimenta – si muove e si sviluppa. È una *scienza umana* – quindi di tipo storico, ermeneutico, fenomenologico – e non una scienza naturale, fondata sui metodi della ricerca empirica. Non si potrà insistere abbastanza su questa diffe-

---

[53] V. cap. 7.

renza, in un tempo in cui la religione dominante – lo scientismo, cioè il culto della scienza empirica come via unica e obbligata di accesso alla verità – cerca di annettere al suo dominio anche ciò che essenzialmente sfugge al suo metodo. Infatti ciò che è *essenziale* non coincide con ciò che è *oggettivo*: al contrario, l'oggettivazione non può che ostacolare la comprensione dei fenomeni la cui essenza è nel *significato* che questi fenomeni assumono *intersoggettivamente* nel qui e ora della relazione di cura.

Cerchiamo di chiarire meglio questo punto, decisivo per ciò che si deve intendere come scienza della cura processuale o esistenziale, che è cosa ben diversa dalla cura medica o "psicologica" (se per psicologia si intende la scienza empirica della psiche). La ricerca empirica procede *oggettivando* il suo materiale. Per esempio, se vuole studiare l'efficacia di un metodo di psicoterapia, per prima cosa fa un'audio- o video-registrazione di un certo numero di sedute condotte con quel metodo. Quindi ne analizza il contenuto con l'obiettivo di trovare correlazioni statisticamente significative tra determinate sequenze comportamentali verbali o non verbali del terapeuta e determinate risposte del paziente. Ottenuta una correlazione del genere, si dirà che la sequenza x è efficace per produrre l'effetto y nel paziente, o che l'efficacia di x nei casi in cui y è desiderabile è empiricamente dimostrata. Si esigerà quindi che per ottenere y il terapeuta applichi x di preferenza o in sostituzione di altri modi di procedere che non hanno ottenuto una validazione analoga. Solo così si potrà distinguere un terapeuta che opera scientificamente da una fattucchiera che manipola il paziente con metodi suggestivi o comunque arbitrari, basati su evidenze aneddotiche o autoreferenziali.

A prima vista questa argomentazione sembra abbastanza convincente, ma a un esame più attento lo è molto meno. Innanzitutto le differenze di efficacia ottenute con queste ricerche, sia sull'esito sia sul processo della terapia, anche se statisticamente significative sono di regola abbastanza modeste. Se poi sono corrette per il fattore *researcher allegiance* (quel fattore che spinge il ricercatore a dimostrare ciò di cui è già convinto in partenza), queste differenze si riducono a poca cosa. I ricercatori di quasi tutte le scuole provano, e generalmente riescono, a dimostrare empiricamente che le loro teorie e tecniche sono valide. Già Popper negli anni Venti del secolo scorso avvertiva che con la ricerca empirica si riesce a dimostrare quasi tutto quello che si vuole. Per questo predicava, inascoltato, che i ricercatori cercassero di falsificare, e non di verificare, le loro teorie.

A queste obiezioni i ricercatori rispondono di solito che almeno in qualche caso le prove empiriche di efficacia sono nette e inequivocabili, e che comunque l'affinamento dei metodi permetterà di selezionare in modo attendibile le pratiche efficaci distinguendole da quelle solo suggestive. I risultati di decenni di ricerca empirica non sembrano corroborare tanta fiducia, ma supponiamo che le cose vadano proprio come i ricercatori empirici sperano. Immaginiamo uno scenario futuro in cui l'analista o terapeuta, comodamente seduto sulla sua poltrona, digiterà sul suo tablet ultrapotente pochi dati, tipo: insorgenza di attacchi di panico da due anni in donna trentacinquenne, impiegata, coniugata. Il tablet chiederà di inserire qualche altro dato per restringere il campo della ricerca, ottenuti i quali in pochi centesimi di secondo fornirà il responso: prescrivere il farmaco x con tale dosaggio e somministrare la procedura psicoterapeutica y con tal altra frequenza; verifica dei risultati tra otto settimane. È la realizzazione piena e felice del modello al quale la medicalizzazione della psicoterapia che avanza impetuosa in tutto il mondo si ispira. La soluzione finale, la perfetta riduzione della psicoterapia a una branca della medicina. Uno scenario ideale per taluni, da incubo per altri. Non c'è dubbio che una pratica basata su procedure standardizzate applicate per tempi brevi a obiettivi ben definiti è congeniale ad ampi settori sia della professione che dell'utenza. In altre parole, la medicalizzazione della psicoterapia è vista con favore da molti terapeuti e da molti pazienti, oltre che naturalmente dalle compagnie assicurative e dalle aziende sanitarie. Quindi non c'è alcun motivo di scandalizzarsi per lo sviluppo di questo tipo di trattamenti di tipo *procedurale*. A patto di riconoscere che la pratica *processuale* è un'altra cosa.

La logica della ricerca empirica è completamente diversa da quella della pratica clinica processuale, per non dire opposta. La ricerca procede isolando dei fattori terapeutici e cercando di dimostrarne l'efficacia nel confronto con altri fattori ritenuti inerti (placebo) o comunque meno attivi. Nella pratica clinica reale invece l'agente terapeutico non è ciò che il terapeuta fa o non fa, ma l'*esperienza* che il paziente ha di ciò che il terapeuta fa o non fa; e questa esperienza dipende interamente dal *significato* che il paziente attribuisce a tutto ciò che avviene nell'interazione. A sua volta il terapeuta, se vuole ottenere un certo effetto sul paziente, deve chiedersi che cosa, in quel particolare contesto, potrà ottenere quell'effetto. In altre parole, dovrà chiedersi quale suo comportamento verbale o non verbale sarà interpretato dal paziente nel senso ritenuto terapeutico. Per esempio, se il terapeuta ritiene che il paziente abbia bisogno di sentirsi al sicuro nella relazione, non dovrà dare per scontato che un atteggiamento caloroso e informale sia più rassicurante di una modalità direttiva con poco spazio per il dialogo, ma dovrà chiedersi quale delle due posizioni sia più rassicurante per il paziente in un data fase della terapia.

Nella ricerca empirica, come nella pratica influenzata da questa ricerca, si suppone che il problema portato inizialmente in terapia (in questo contesto la parola psicoterapia è intercambiabile con psicoanalisi o counseling) sia quello su cui si dovrà lavorare. Di conseguenza basteranno un paio di sedute iniziali per decidere un programma terapeutico. Nella pratica reale le cose vanno diversamente. Il cliente ha sicuramente un'idea di ciò che lo tormenta, ma abbastanza spesso il suo problema o disturbo è collegato a – o radicato in – cose che il paziente non considera affatto problematiche. Queste connessioni laterali o profonde dovranno essere indagate e portate alla luce per comprendere la difficoltà del paziente in tutta la sua complessità. In questo lavoro i significati che il terapeuta attribuisce al materiale portato dal paziente e a ciò che lui stesso fa per favorire il processo di conoscenza e cambiamento si intrecciano con i significati che il paziente a sua volta attribuisce a tutto questo. Il confronto e il chiarimento continuo di questi significati è parte sostanziale e insostituibile del processo della cura.

Di questo si rendono ben conto gli stessi sostenitori della ricerca empirica: «I risultati delle ricerche empiriche non devono essere considerati come principi prescrittivi ma descrizioni di alcuni aspetti (mappe) che aiutano ad orientare la pratica clinica in questo momento e con questo singolo paziente. La rigidità e prescrittività delle psicoterapie manualizzate servono per poter effettuare rigorosi studi di efficacia ma nella pratica clinica i manuali vanno conosciuti e "dimenticati". Paradossalmente alcune ricerche empiriche indicano che i pazienti reputano centrali per il miglioramento non tanto gli aspetti tecnici della psicoterapia (e quindi quelli prescritti dalle ricerche sulle psicoterapie empiricamente supportate e manualizzate) ma quelli non tecnici e difficilmente manualizzabili, gli aspetti umani e relazionali» (Blasi, 2013). Registro con soddisfazione una inattesa convergenza sull'approccio dialogico-processuale non più inteso come alternativo a quello tecnico-procedurale, dal quale almeno i sostenitori più critici della ricerca empirica prendono le distanze: «Ogni buona psicoterapia deve essere quindi "dialogico-processuale" (Carere-Comes, 2013), cioè guidata dal processo e dalla relazione momento per momento, altrimenti vi è il rischio di effettuare psicoterapie stereotipate e disumanizzate, ma un buon terapeuta può (deve?) comunque agevolarsi dell'utilizzo di una mappa delle ricerche empiriche» (Blasi, *ibid*).

Il confronto a questo punto si sposta su un terreno più avanzato e più interessante[54]. L'accordo raggiunto nel nostro ultimo congresso[55], insperato fino a poco tempo fa, è sulla cura dialogico-processuale che deve far uso di buone mappe del territorio in cui si muove. La questione che si pone allora è: come si disegna una buona mappa? Una mappa è la rappresentazione di un territorio secondo determinati criteri. Per esempio una mappa stradale è la rappresentazione grafica delle vie e piazze di una città. Una mappa monumentale aggiunge gli edifici e i monumenti più importanti. La mappa di un museo disegna tutte le sale con l'indicazione delle opere esposte, quella di una montagna segna tutti i sentieri per arrivare in vetta. La funzione di una mappa è quella di aiutare a orientarsi in un dato territorio. Una mappa è buona se è fedele, aggiornata e sufficientemente dettagliata per le esigenze di chi la consulta. Notiamo inoltre che in tutti gli esempi riportati l'orientamento è la posizione relativa ai quattro punti cardinali (o sei, nei casi di mappe tridimensionali).

Pensiamo ora alla mappa della cura. In che modo è possibile disegnarne una utilizzando i dati della ricerca empirica? Sembra piuttosto arduo. Non è difficile costruire mappe a partire da diverse teorie psicologiche, perché ognuna di queste ha una sua coerenza interna. Per esempio una mappa fondamentale della psicoanalisi freudiana è quella che divide il territorio psichico in Es, Io e Superio. Una simile dell'analisi transazionale lo divide in Genitore, Adulto e Bambino (GAB). Utilizzando queste mappe il terapeuta può chiedersi: dove si sta muovendo il paziente in questo momento? Nel territorio dell'Es, dell'Io o del Superio? Del Bambino, dell'Adulto o del Genitore? Tuttavia è molto problematico pensare di costruire mappe del genere con i dati della ricerca

---

[54] Il terreno è più avanzato con un interlocutore come Blasi e pochi altri, ma il modello medico prescrittivo rimane il riferimento principale per la maggior parte dei sostenitori della ricerca empirica.
[55] Atti del 5° Congresso Sepi-Italia, *Curare e prendersi cura nella psicoterapia e nel counseling,* Roma 2012, a cura di T. Carere- Comes e C. Montanari, 2013.

empirica, perché questi dati sono fortemente disomogenei in quanto derivati da teorie diverse e incompatibili. Migone ha osservato, citando Agazzi, che «ogni approccio alla conoscenza... "produce" un proprio "oggetto scientifico", un oggetto ideale che è diverso dagli "oggetti scientifici" prodotti da altri approcci... questo oggetto scientifico non va confuso con una "cosa", nel senso che una stessa cosa può essere "oggetto" di scienze diverse, quindi una cosa si trasforma in un "fascio" di oggetti scientifici potenzialmente infiniti». Data questa pluralità virtualmente infinita di oggetti, non è «di facile soluzione il problema del rapporto che hanno tra loro i diversi "oggetti scientifici" della psicoterapia», dal momento che «esistono tanti processi quanti sono gli interventi psicoterapeutici, per cui dovremmo sempre parlare al plurale»[56].

Stando così le cose, come può la ricerca empirica costruire una mappa in cui i dati siano ordinati in modo coerente e omogeneo, in modo da poter aiutare il terapeuta a orientarsi momento per momento nel territorio della cura? Come può disegnare una *mappa del processo della cura*, quando il suo materiale è costituito da «tanti processi quanti sono gli interventi psicoterapeutici»? Il problema è ben presente ai ricercatori sin dagli albori della ricerca empirica in psicoterapia, in particolare in quel pioniere che è stato Carl Rogers. La storia di questo autore è emblematica. Il suo contributo allo sviluppo della psicoterapia e in particolare del counseling è stato fondamentale. Abbiamo ricordato che il counseling di Rogers da un lato ha una derivazione diretta dalla psicoanalisi di Otto Rank – per cui oggi a buon diritto possiamo parlare di counseling psicoanalitico ricollegandoci a quelle radici – dall'altro si colloca nel solco dei fattori comuni inaugurato da Rosenzweig. Poiché questi fattori si attivano grazie al processo della cura, indipendentemente dalle teorie e tecniche del terapeuta, so-

---

[56] 3° Congresso Sepi-Italia, Roma 2008. Gli atti sono raccolti nel volume *Quale scienza per la psicoterapia?* a cura di T. Carere-Comes, 2009.

no soprattutto questi che dovrebbero essere descritti da una mappa della cura dialogico-processuale. E infatti questo Rogers cercò di fare. Aveva descritto tre principi base della cura processuale – la considerazione positiva incondizionata, la comprensione empatica e la congruenza o autenticità – ma un semplice elenco di principi, ricavati intuitivamente, non poteva bastargli. Cercò di andare oltre, ed ebbe l'ambizione di rendere la terapia «un processo basato su principi conosciuti e testati, con tecniche testate che mettessero in pratica quei principi»[57].

Cerchiamo di capire l'esigenza di Rogers. Un semplice elenco non può bastare a uno scienziato. Pensate agli elementi atomici: elio, potassio, sodio, rame, zinco... Che soddisfazione quando Mendeleieff riuscì a ordinarli sulla sua celebre tavola. Questa sì che è una mappa, ben diversa da un semplice elenco. Per ottenere un risultato simile, Rogers cercò di trasformare i suoi tre principi in fattori riconoscibili come tali nel registrato delle sedute e misurabili. Fece esattamente quello che hanno fatto dopo di lui tutti i ricercatori empirici: cercò di isolare nel flusso della comunicazione tra paziente e terapeuta dei fattori discreti, proprio come la ricerca farmacologica punta a isolare il fattore attivo da una miscela di sostanze estratte da una pianta medicinale, nella convinzione che il fattore terapeutico sia quel principio isolato, e non la particolare miscela di sostanze estratte dalla pianta. Per questo motivo la ricerca empirica in psicoterapia ricalca, se pure un po' maldestramente, quella in medicina, e ha puntato sin dall'inizio a un *modello medico* della psicoterapia: un tipo di cura in cui si somministrano delle tecniche scientificamente testate come in medicina si somministrano farmaci.

La ricerca empirica si collega per lo più al modello medico, e questo è naturalmente prescrittivo. Se tuttavia oggi, come ammette Blasi, la prescrittività tende ad essere abbandonata dai

---

[57] Migone, 2008a.

terapeuti più consapevoli che valorizzano l'alleanza e lo sviluppo di un processo terapeutico, è semplicemente perché si è dimostrata un approccio fallimentare. L'applicazione di tecniche manualizzate va bene per la ricerca empirica, ma trasposta nella pratica clinica reale porta a trattamenti stereotipati e disumanizzati (che comunque per molti pazienti e terapeuti possono essere una scelta migliore della semplice somministrazione di pillole). Anche in questo Rogers fu un pioniere, se pure inconsapevole. Il suo tentativo di formalizzare i principi della cura trasformandoli in tecniche standardizzate portò solo a un impoverimento e uno snaturamento del suo metodo[58]. Del resto è ben noto questo paradosso: «più una ricerca è ben fatta, meno è utile al clinico, nel senso che il rigore metodologico richiesto dalla sperimentazione allontana troppo quella psicoterapia dalla pratica clinica quotidiana, che necessariamente è ben poco rigorosa ed è "inquinata" da mille fattori poco controllabili»[59].

Se dunque la ricerca empirica non serve per costruire procedure manualizzate e standardizzate, a che cosa può servire? A costruire delle mappe utili al terapeuta che si muove in modo dialogico-processuale, suggerisce Blasi. Per quanto precede, mi sembra che la costruzione di tali mappe su base empirica sia abbastanza problematica. Voglio chiarire meglio questo punto con un esempio. Recentemente Paul Wachtel, uno dei padri fondatori della Sepi, ha inviato alla lista dell'associazione un messaggio in cui chiedeva: «Quali direste che sono i principi o i processi rilevanti in psicoterapia che hanno raggiunto un ragionevole supporto empirico?». Tre esperti hanno risposto, e due di questi hanno riportato delle liste di principi terapeutici, tra i quali: favorire l'esperienza di sicurezza, facilitare la consapevolezza e la chiarificazione, instillare speranza e fiducia, identificare quadri disfunzionali di esperienza e comportamento, promuovere la collabora-

---

[58] Migone, *ibid.*
[59] Migone, 2008b.

zione e il dialogo, attivare le risorse del cliente, facilitare l'espressione delle emozioni, stimolare il pensiero creativo. Chi potrebbe negare che questi sono dei principi salutari che orientano la pratica della psicoterapia e del counseling? Mi sembra che queste evidenze esperienziali abbiano tanto bisogno di supporto empirico, quanto ne ha l'ipotesi che il consumo di mele sia più salutare di quello di patate fritte. Più interessante per me è ciò che *manca* in queste liste. In particolare il *confronto* (*confrontation*) non compare in una lista, mentre nell'altra è citato solo per dire che secondo qualche ricerca «spesso non è utile». Trattandosi di uno dei principi cardinali della cura processuale, non è assenza da poco: un vuoto a mio parere rivelativo della difficoltà di costruire delle buone mappe con i dati della ricerca empirica. Cercherò di mostrare, per contrasto, come è possibile cominciare a costruire una buona mappa del campo della cura partendo proprio dal fattore ignorato dalla ricerca empirica.

Molti ricercatori oggi hanno l'impressione che la ricerca empirica abbia infilato un vicolo cieco. «Nella storia della ricerca in psicoterapia oggi siamo in una fase in cui prevalgono una certa insoddisfazione e un ripensamento: volendo schematizzare, dopo una prima fase caratterizzata da intuizioni, scoperte cliniche, formazioni di scuole e paradigmi di ricerca, si è passati a una seconda fase in cui ... dal "contesto della scoperta" si è passati al "contesto della verifica", cioè si è cercato, dietro pressioni ed esigenze che provenivano da più parti, di verificare sperimentalmente con gli strumenti scientifici disponibili, molto spesso basati su una logica riduttivamente positivistica, le scoperte cliniche fatte; questa fase ha portato a una terza fase, caratterizzata da una diffusa insoddisfazione per i risultati raggiunti... vari autori sostengono che l'ultima fase della storia del movimento di ricerca in psicoterapia sia caratterizzata da un desiderio di tornare al contesto della scoperta, dopo che decenni di *furor misurandi* hanno portato in parte a risultati frustranti e contraddittori»[60]. Per uscire dall'attuale impasse, si suggerisce da più parti, occorre tornare al "contesto della scoperta", inaugurando una "quarta fase" della storia della ricerca. Che cosa significa e che cosa implica questo ritorno?

Il punto di partenza è la rivalutazione dell'*intuizione* come facoltà conoscitiva autonoma, *in its own right*, e non semplice produttrice di ipotesi la cui validità debba essere stabilita dal "contesto della verifica", secondo lo schema positivistico di Reichenbach: «Entro la clinica l'intuizione svolge un ruolo rilevante ... come lettura e interpretazione globale, "olistica" direi, di una molteplicità di dati, individuando la connessione, la struttura che tiene il tutto assieme in unità. Prevale allora una nozione di intuizione, come facoltà conoscitiva capace di afferrare il "cuore" del complesso, in una situazione concreta e singolare... »[61]. *L'intuizione è la facoltà che riesce a cogliere il cuore, l'essenza delle cose in un processo*: tanto di una singola terapia, quanto del movimento psicoanalitico nel suo complesso, che include tutte le forme di psicoterapia e counseling che sono germogliate dal tronco freudiano. Dicendo "non tento le essenze", Galileo aveva ben chiaro il prezzo da pagare per la nascita della scienza moderna. Occorreva rinunciare alla conoscenza delle proprietà essenziali delle cose per limitarsi a quelle misurabili. La conoscenza del mondo *more mathematico* ha permesso lo sviluppo grandioso della scienza che ha trasformato il mondo – non sempre in meglio, peraltro – ma al prezzo di non sapere più che cosa sono le cose in se stesse, nella loro essenza. Per questo Husserl, di fronte alla "crisi delle scienze europee" (sempre più potenti nella loro capacità di manipolare un mondo sempre più disumano in quanto svuotato dei *significati* che danno senso all'esistenza), invocava il "ritorno alle cose stesse", reso possibile da una mossa opposta a quella di Galileo: la rinuncia a dominarle con le nostre tecniche e

---

[60] Migone, 2008a.
[61] Fornaro, 2009.

le nostre teorie, lasciando che le cose semplicemente si mostrino per quello che sono a una coscienza che è capace di accoglierle grazie alla sospensione di ogni giudizio, preconcetto e aspettativa (*epoché*).

L'intuizione categoriale è il fulcro della ricerca fenomenologica che per Husserl fonda la *scienza eidetica*, o scienza di essenze. In altri seminari[62] ci siamo occupati della relazione tra fenomenologia ed ermeneutica. Ora invece vogliamo mettere a fuoco la differenza tra l'approccio empirico e quello fenomenologico, alla luce del fatto che una cosa ignorata dall'uno è vista benissimo dall'altro. Friedman è un analista che ha messo bene in chiaro il punto su cui anche noi insistiamo: «Freud non ha inventato una forma di trattamento: l'ha scoperta»[63]. La terapia analitica non può essere qualcosa che deriva dall'applicazione di una teoria qualsiasi[64] (cosa che la renderebbe irrimediabilmente arbitraria), ma qualcosa che accade, e quindi è osservabile, nella situazione della cura: è un *fenomeno robusto*. Ciò equivale a dire che la cura ha una sua *logica interna*, che determina la struttura osservabile. Si può partire da dove si vuole, anche dall'ipnosi, come ha fatto Freud. Ma se ci si lascia guidare dalla logica del processo, invece che dal desiderio di ottenere qualcosa (ricordi rimossi, catarsi, o qualsiasi altra cosa), si approda a una *struttura essenziale della relazione*, cioè a un insieme di proprietà che ogni relazione genuinamente terapeutica deve presentare. Di questa struttura Friedman evidenzia due punti: la "caccia alla verità oggettiva" e l'"atteggiamento oppositivo" (*adversarial attitude*). Quest'ultimo corrisponde alla posizione in cui l'analista «nega al paziente qualunque segnale che possa fungere da conferma o da rassicurazione...[ma] continua severamente a richiamarne l'attenzione sugli aspetti che vengono proposti con maggiore riluttanza...». È, in al-

---

[62] CdS 4.

[63] Friedman, 1997.

[64] Riprendo le considerazioni che seguono in questo paragrafo dal mio lavoro "La logica della relazione psicoterapeutica", 2002.

tre parole, la posizione in cui l'analista *confronta il paziente con le sue resistenze*, assolutamente centrale nel trattamento psicoanalitico.

Benché le resistenze, coscienti e inconsce, non manchino neppure nel più motivato dei pazienti, la modalità confrontativa non è l'unica per trattarle. Per esempio Rogers era convinto che un atteggiamento caratterizzato da comprensione empatica e accettazione incondizionata fosse un metodo più efficace del confronto per scioglierle. A me sembra che la rinuncia sistematica alla modalità confrontativa sia altrettanto ingiustificata del suo uso sistematico. In entrambi i casi ci si lascia guidare da una teoria, piuttosto che dalle indicazioni che emergono dal processo. Un confronto franco ed energico con le resistenze può essere tanto controproducente con certi clienti in certi momenti, quanto necessario con altri, o con gli stessi in altri momenti. Un terapeuta può essere più o meno empatico o più o meno confrontativo per temperamento, ma è fuor di dubbio che nei trattamenti di lunga durata (*open-ended*) almeno qualche momento di confronto con le resistenze si imponga. Rimane il fatto che quasi a tutti piace essere rassicurati e incondizionatamente accettati, mentre pochi gradiscono di essere messi di fronte a ciò che preferirebbero evitare, indipendentemente dal fatto che la cosa (rassicurazione o confronto) sia terapeuticamente utile. Non è affatto improbabile che un paziente esca da una seduta in cui è stato confrontato con le sue resistenze un po' contrariato o dispiaciuto, con l'impressione che non sia stata una "buona seduta". È nell'ordine delle cose che il lavoro di presa di coscienza delle resistenze, ed elaborazione dei conflitti sottostanti, richieda tempi abbastanza lunghi, e che il vantaggio che se ne ricava *non sia percepibile nei tempi brevi imposti dai protocolli della ricerca empirica*. Credo che questo spieghi a sufficienza il fatto che un fattore centrale ed essenziale come il confronto con le resistenze risulti praticamente non visto dai metodi della ricerca empirica. Non meraviglia che un esperto non lo nomini neppure e l'altro ne parli solo per definirlo "spesso non utile".

La cura ha una sua logica intrinseca che non dipende dalle teorie del terapeuta. Ogni essere vivente resiste al cambiamento perché è faticoso, doloroso o rischioso. La *lotta alle resistenze* è parte essenziale di ogni trattamento che non sia breve e superficiale. Essendo sintonizzato con questa logica, Friedman vede la necessità di questa lotta, mentre gli esperti della ricerca, sintonizzati con ciò che si evidenzia ed è misurabile in esperimenti controllati, non la vedono. La modalità osservativa di Friedman, diretta all'essenziale, è evidentemente più adatta alla costruzione di buone mappe di quanto non sia quella che è diretta a ciò che è misurabile. Tuttavia questo è solo l'inizio. Ciò che il nostro autore ottiene è ancora un piccolo elenco, di due soli fattori. La sua osservazione copre solo una piccola parte del campo, troppo piccola per cogliere la struttura dell'insieme. Il limite di Friedman è di non avere ancora preso a sufficienza le distanze dalla sua teoria – quella della psicoanalisi ortodossa – nonostante i notevoli passi fatti rispetto a chi con quella o altre teorie è pienamente identificato. Vale a dire, il problema non è quello di avere delle teorie – è giusto e necessario averne –, ma di esserne identificati. La frase di Friedman citata sopra (l'analista «nega al paziente qualunque segnale che possa fungere da conferma o da rassicurazione...[ma] continua severamente a richiamarne l'attenzione sugli aspetti che vengono proposti con maggiore riluttanza...»), dà una descrizione sostanzialmente corretta dell'atteggiamento confrontativo, ma gravata da un *bias* teorico che la rende esasperata nella sua unilateralità. Basterebbe il *common sense*, il senso comune, per capire che un paziente che ha ricevuto dosi adeguate di conferme e rassicurazioni potrà accettare, al momento giusto, col giusto tatto e nelle giuste dosi, di essere messo di fronte a ciò da cui fugge; mentre un martellamento confrontativo da parte di un analista costantemente severo avrà l'effetto probabile di aumentare, e non di ridurre, le resistenze.

Come una mappa della città deve includere tutta la città, e non solo un quartiere, per quanto prestigioso, così una mappa della cura deve dare una rappresentazione di tutto il campo della cura, e non solo di questa o quella scuola. Se Friedman fosse stato più coerente con le sue stesse premesse – di osservare senza preconcetti teorici i fenomeni del campo della cura inaugurata dalla scoperta di Freud –, si sarebbe reso conto che i confini teorici imposti dal padre della psicoanalisi non solo erano superabili, ma erano già stati superati da decenni, almeno dal tempo di Ferenczi. Il contributo decisivo dell'analista ungherese al campo della cura era stato rifiutato da Freud per motivi che non avevano nulla a che fare con la logica della cura, percepita più lucidamente dal suo allievo che da lui, ma esclusivamente per un arroccamento forse più caratteriale che teorico. Infatti la sua critica «consisteva nel fatto che Ferenczi oltrepassava il suo (di Freud) sistema teorico e terapeutico basato sull'Edipo in favore di un sistema pre-edipico. Era la costellazione, per lui nuova, di un terapeuta *materno* con un paziente regredito, ciò che Freud dalla sua posizione *paterna*, che vedeva il paziente come irretito esclusivamente nei conflitti edipici, non poteva capire e approvare[65]». Freud aveva ben visto che nel processo della cura il terapeuta viene regolarmente percepito come una figura genitoriale, sia materna sia paterna, ma in questa percezione non aveva visto altro che una proiezione di desideri infantili anacronistici, e come tali da interpretare e da non soddisfare in alcun modo. La sua posizione *stabilmente* paterna, infatti, non poteva essere la risposta a un bisogno del paziente – dal momento che se lo fosse stata avrebbe dovuto essere modulata lungo l'asse che congiunge un vertice paterno a uno materno –, ma corrispondeva a una rigidità caratteriale o teorica, o a una combinazione di entrambe.

---

[65] J. Cremerius, 1984. *Corsivi miei.*

Oggi Ferenczi è ampiamente rivalutato e gli è stata restituita la posizione di riguardo che gli spetta nella storia della psicoanalisi. Tuttavia l'impronta "paterna" data da Freud alla psicoanalisi è stata talmente forte da ostacolare la percezione della relazione dialettica che lega la "funzione paterna" della cura, intesa come risposta a un bisogno del paziente di essere confrontato con le sue resistenze al cambiamento, con la "funzione materna" come risposta al bisogno opposto di accoglimento, validazione e rassicurazione. Inoltre la sopravvalutazione dello strumento interpretativo ha condizionato generazioni di psicoanalisti, inibendoli nella capacità di utilizzare liberamente strategie diverse dall'interpretazione atte a confrontare il paziente con le sue resistenze e a spingerlo ad affrontarle. Non è un caso che questa polarità dialettica sia stata vista, descritta e utilizzata come una dimensione basilare della cura al di fuori del campo psicoanalitico, in particolare da Marsha Linehan (1993): «La dialettica più fondamentale è la necessità di accettare i pazienti per come sono in un contesto in cui cerchiamo di insegnargli a cambiare... essa richiede modificazioni momento per momento nell'uso dell'accettazione supportiva da un lato, e del confronto e delle strategie di cambiamento dall'altro»[66]. Intorno a questo asse la Linehan ha organizzato il suo metodo DBT, *Dialectical Behavior Therapy*. Il fatto che la Linehan abbia voluto anche lei, come Rogers, testare empiricamente il suo modello, è dal nostro punto di vista irrilevante. Abbiamo già osservato che non è difficile validare empiricamente qualsiasi modello di cura: tutte le scuole principali lo hanno fatto. Il punto è che la Linehan non ha costruito il suo asse dialettico *grazie* alla ricerca empirica. Lo ha costruito, o meglio scoperto, riflettendo sulla sua esperienza, esattamente come Rogers, e solo dopo averlo scoperto o costruito ha cercato, come lo spirito del tempo esige, di validarlo anche empiricamente.

---

[66] M. Linehan, *Cognitive-behavioral treatment of borderline personality disorder*, 1993, p.19.

Ora, il collegamento di questi due fattori fondamentali della cura, accettazione e confronto, su di un asse che li mette in relazione dialettica, fa sì che i due fattori non siano più una semplice minilista di due fattori, ma un insieme organizzato e significativo. La presenza di questo primo asse sulla mappa fornisce un aiuto concreto all'orientamento, in quanto in ogni momento il terapeuta può chiedersi: in che punto ci troviamo sulla linea A-C? Qual è il giusto dosaggio di A e di C che il processo richiede in questo momento? Grazie all'orientamento fornito da questo asse sarà più facile evitare di cadere in eccessi confrontativi-paterni *à la* Friedman, o eccessi empatici-materni *à la* Rogers.

Una mappa serve a orientare, e un elenco di fattori legati solo dall'avere avuto una validazione empirica, ma derivati dalle teorie più diverse e disparate, non è utilizzabile per costruire una mappa. Occorre disporre di un piccolo numero di fattori collegati tra di loro da nessi essenziali e significativi. Ma essenze e significati sono cose che la ricerca empirica per sua natura non è in grado di produrre. Per questi occorrono gli strumenti delle scienze umane: l'intuizione eidetica e l'analisi ermeneutica, il pensiero storico e dialettico. Continueremo nell'impresa di mostrare in che senso il nostro lavoro può legittimamente dirsi scientifico, superando l'obiezione comunemente sollevata dai ricercatori empirici, che senza il loro aiuto non si esce dall'ambito aneddotico e autoreferenziale. Non possiamo e non vogliamo sottrarci alla sfida: vogliamo mostrare di poter fare a meno dell'aiuto da loro così insistentemente offerto – senza rifiutarlo a priori, ma accogliendolo come un contributo che può essere a volte utile anche se non determinante.

10.

La valle, la montagna e la vetta

Per la cura del disagio esistenziale, abbiamo ripetuto spesso, non è necessario essere medici o psicologi, perché questo disagio riguarda l'esistenza come tale, indipendentemente da malattie o traumi. È la cura del male di vivere che non risparmia nessuno, dal momento che la condizione umana è intrinsecamente segnata dalla *mancanza*. Mancanza oggettiva o soggettiva, di ciò che abbiamo o non abbiamo, di ciò che siamo o non siamo. Voglio oggi tirare le somme di quello che abbiamo scoperto in questi anni di seminari sulla cura del male di vivere per andare oltre, in direzione di quella che potremmo chiamare la *cura radicale* di questo male.

Vi propongo una mappa che descrive i tre livelli della cura: *la valle, la montagna e la vetta*. Il *primo livello* è quello della coscienza ordinaria, segnato dalla mancanza e dall'illusione. Su questo piano i conti dell'esistenza tornano solo nella misura della soddisfazione dei bisogni e realizzazione dei desideri. Siamo felici se otteniamo ciò che vogliamo, o immaginiamo di ottenerlo, o se l'abbiamo ottenuto di conservarlo. È il piano esistenziale descritto dalla formula "sarò felice quando": quando avrò trovato la persona giusta, o quando la persona giusta che è già al mio fianco si deciderà a fare il suo dovere, che è quello di rendermi felice (del resto chiedo così poco), o quando troverò il lavoro giusto, o quando i figli faranno giudizio, o i genitori smetteranno di rompere. È il piano dell'ordinaria infelicità che, pensava Freud, è il massimo cui può aspirare il nevrotico: passare da un'infelicità nevrotica a una infelicità normale. Non che non vedesse la possibilità di un'esistenza creativa. Lui stesso era un uomo altamente creativo: la sua creatura, la psicoanalisi, ha cambiato il mondo. Ma credeva che la creatività fosse un dono riservato a pochi individui di genio, come lui, come Leonardo. In ogni caso, non amava avere altre persone creative intorno a sé. Tra gli altri fu costretto ad andarsene Otto Rank, che pur restando fedele al metodo freudiano aveva un'idea molto diversa delle sue potenzialità, non colte fino in fondo da Freud. La nevrosi, pensava, è solo una forma di creatività abortita. C'è in ogni essere umano un impulso creativo che è quello che fa di lui propriamente un uomo, a patto che lo ascolti e lo segua. Ma nella maggior parte degli umani questo impulso rimane allo stato latente. C'è una forte resistenza a destarlo, e di conseguenza a svegliarsi a una vita propriamente umana, libera e creativa. Il risveglio implica la presa di coscienza dei condizionamenti che ci governano, e il cammino di liberazione inizia nel momento in cui ci rendiamo conto che siamo prigionieri di una vita governata da meccanismi biologici e culturali di ogni sorta, e dai personaggi con cui ci siamo identificati: la madre, il padre, il professionista, il docente... Pochi vogliono intraprendere questo cammino, perché questo vorrebbe dire sconvolgere gli assetti costituiti, le abitudini consolidate, le figure e le forme con cui siamo identificati, che ci danno sicurezza, che ci dicono chi siamo. Vuol dire morire a se stessi per rinascere persone libere, non una sola volta come il bruco che muore e rinasce farfalla, ma più e più volte. In questa prospettiva, ha mostrato Rank sulle orme di Kierkegaard, il nevrotico è un passo avanti rispetto al normale: la sua sofferenza è un travaglio che potrebbe portare a una nuova nascita, se non abortisse in qualche impasse nevrotica.

Così la maggior parte delle persone conduce una vita contrassegnata dall'illusione e dall'autoinganno nella *valle di lacrime* in cui siamo stati gettati. Non stanno bene, ma sono disposte a curarsi solo fintanto che non si toccano le radici del loro malessere, che affondano nel terreno dell'immagine che hanno di sé e del mondo, positiva o negativa che sia: perché la prospettiva che questa venga meno equivale per loro a una catastrofe intollerabile, alla fine del mondo – del *loro* mondo, naturalmente, l'unico di cui sono a conoscenza. A questo disagio universale si riferisce la prima nobile verità del Buddha: la vita è segnata da una sofferenza la cui causa è indicata dalla seconda nobile verità: noi soffriamo a causa dei nostri attaccamenti e delle nostre repulsioni, in definitiva a motivo della nostra ignoranza dell'impermanenza di tutte le cose, e quindi dell'illusione della permanenza. Se non fossimo preda di questa illusione non ci attaccheremmo a nulla e non rifiuteremmo nulla di ciò che la vita ci porta. L'illusione è vista come una specie di malattia da cui bisogna cercare di guarire, ma una malattia universale, in quanto condizione necessaria di ogni coscienza non illuminata. Il Buddha si pone come medico di questa malattia: la terza nobile verità è che è possibile liberarsi di questa sofferenza, e la quarta indica la via da seguire, il sentiero della via di mezzo.

Ora, è giusto dire che l'illusione è una malattia da curare: a patto di riconoscere che in primo luogo l'illusione è essa stessa un tentativo di cura. Direi di più, un tentativo necessario e persino benefico, dunque del tutto legittimo sul suo piano. Un bambino ha bisogno di credere che babbo Natale porta i doni e mamma e papà si vogliono tanto bene. Gli uomini-bambini hanno bisogno di credere che arriverà la persona giusta che col suo amore li solleverà dal mare di affanni in cui annaspano ogni giorno, o il Messia a salvarli da ogni afflizione, di cui ogni caso saranno risarciti nell'aldilà. La sposa e madre fedele e integerrima ha bisogno di credere che i suoi sacrifici saranno ricompensati da un uomo a lei ugualmente fedele e devoto. Tutti costoro non potrebbero sopportare la fatica di vivere e il peso delle rinunce senza queste illusioni. Non solo: c'è un'illusione che non è ingenua come quelle che ho elencato. È quella in cui volontariamente entriamo tutte le volte che assistiamo a uno spettacolo teatrale o a una proiezione cinematografica. Se avessimo continuamente la percezione di essere seduti in platea a guardare uno schermo, e una voce interna ci ripetesse "è solo un film" non permettendoci di dimenticare la nostra realtà di spettatori per lasciarci trascinare e coinvolgere dalla vicenda cui stiamo assistendo, non potremmo goderci lo spettacolo. Perché la vita è *anche* uno spettacolo cui siamo chiamati a partecipare in veste di attori o autori o registi o comparse. La partecipazione è guastata sia da un eccessivo distacco sia da un eccessivo coinvolgimento. L'illusione è benefica quando è giusta, appropriata alle circostanze e al momento. È bene che un bambino di cinque anni creda a Babbo Natale, se questo gli serve per vivere l'incanto e la magia della festa, ma se continua a crederci a quindici anni è un problema. Gli stoici raccomandavano di praticare nella vita la *saggezza dell'attore*, quella di chi partecipa con passione alla rappresentazione in cui è coinvolto senza mai dimenticare del tutto la propria posizione di attore. È una forma di illusione controllata, potremmo dire. Così possiamo capire in che senso l'illusione è paragonabile a una malattia, e in quale altro lo è a una cura. L'illusione è benefica se è controllata e gestita con saggezza, permettendo in tal modo di godere dello spettacolo o del gioco, o di attraversare la vita con leggerezza, a passo di danza. È invece foriera di ogni sorta di guai quando acceca colui che possiede, che quindi non la controlla ma ne è controllato.

Da quanto precede si può cogliere la necessità di comprendere il primo livello della cura, caratterizzato dall'illusione, nel rapporto con gli altri livelli. Infatti, la saggezza dell'attore che rende benefica l'illusione è a sua volta resa possibile dal fatto che l'attore non è totalmente immerso o identificato nella rappresentazione, ma ha guadagnato una distanza che gli permette di osservarsi mentre recita, cioè di essere consapevole del dramma in cui è impegnato. Il che significa che almeno in parte ha potuto accedere al *secondo livello* della cura, che considerato da diversi punti di vista può essere detto filosofico, o psicoanalitico, o artistico: precisamente le tre gambe su cui si regge e cammina la nostra scuola — le tre gambe accomunate dal perseguire un obiettivo di conoscenza e trasformazione di sé. Nell'*approccio dialettico* che caratterizza tutto il nostro percorso, un livello non è superato per essere lasciato indietro e dimenticato, ma per essere trasformato. Evitiamo, in questa prospettiva, di cadere nell'errore in cui sono spesso cadute diverse forme di spiritualità: quello di vedere l'illusione *solo* come una malattia da superare, o il mondo materiale *solo* come una realtà da trascendere. L'illusione o la materialità sono effettivamente delle malattie se il soggetto ne è irretito, venendone trattenuto a *un livello di coscienza in cui il vissuto soggettivo è identificato con la realtà oggettiva*. La leggerezza del gioco è perduta e tutto diventa, di conseguenza, mortalmente serio. Se tuttavia questa identificazione è superata, l'illusione diventa un ingrediente necessario del gioco, e la corporeità il materiale da utilizzare nella pratica dell'arte di vivere.

L'identificazione del soggetto con i personaggi della sua commedia, che a causa di questa identificazione si fa troppo umana e non molto divina, è stata paragonata a uno stato di sonno ipnotico, da cui egli può tuttavia destarsi iniziando un cammino di risveglio il cui primo passo è il *cogito* cartesiano, il dubbio sistematico su qualsiasi contenuto della coscienza. Se ho preso coscienza del fatto che sto dormendo, tutto ciò che vedo appartiene al sogno che sto sognando, mentre l'unica certezza cui posso appigliarmi è che sono cosciente di me stesso nell'atto di dubitare. Questo primo passo del cammino segna il passaggio dal primo al secondo livello della cura, dall'illusione alla conoscenza, e ha in sé *in nuce* anche l'ultimo, in quanto contiene embrionalmente l'intuizione che dobbiamo cercare la nostra essenza nella coscienza, piuttosto che in uno qualsiasi dei suoi contenuti. Tra il primo e l'ultimo, tuttavia, ci sono diversi passaggi intermedi piuttosto impegnativi: dobbiamo trovare dei compagni di viaggio, perché se procediamo da soli il rischio di smarrirci è altissimo; dobbiamo allenarci nelle discipline dell'intenzione e dell'attenzione, per non essere continuamente ricatturati dal livello da cui cerchiamo di affrancarci; dobbiamo poi trovarci ripetutamente in situazioni limite, in cui siamo messi impietosamente di fronte alla nostra radicale impotenza, e attraversarle senza cedere alla tentazione depressiva; dobbiamo infine cogliere il senso della nostra appartenenza all'universo, o dell'appartenenza dell'universo a noi, cioè della co-appartenenza di ogni vivente a un unico organismo micro-macrocosmico in cui a ciascuno spetta e conviene trovare e occupare il proprio posto[67].

Il cammino di risveglio, o di liberazione, può essere inteso come *un sentiero che sale verso la cima di una montagna attraversata da molti, virtualmente infiniti sentieri*, nel senso che ciascuno può disegnare il proprio sentiero personale, utilizzando tratti di sentieri più o meno conosciuti o aprendo sentieri inediti grazie all'esplorazione di porzioni ancora sconosciute della selva. Tutti gli esploratori sono comunque concordi nel segnalare la difficoltà di un cammino che richiede molta pazienza, determinazione e costanza, oltre che molto tempo. Nella tradizione induista si ripete spesso che occorrono molte vite per raggiungere la cima della montagna, la vetta della liberazione o del risveglio. Una cosa decisamente scoraggiante per un occidentale, abituato all'instant coffee, all'instant book, e in genere all'intolleranza per tutti gli obiettivi che non si presentano come raggiungibili facilmente e in breve tempo. Ma ecco la buona notizia. Esiste la possibilità di arrivare in cima alla montagna in un solo balzo, qui e ora, in questo stesso momento. Non solo, ma questa possibilità è alla portata di tutti coloro che vogliano coglierla. Ognuno può fare esperienza personale di questa possibilità: non per installarsi sulla vetta e non fare più ritorno a valle, ma per avere, da quel punto di osservazione, una visione globale sia della valle sia della montagna con tutti i suoi sentieri; e da questa visione trarre ispirazione e indicazioni per la vita sia da valligiano sia da montanaro, le figure corrispondenti ai primi due livelli esistenziali che ho sommariamente descritto: per trovare il proprio ruolo nella valle senza farsene intrappolare, e il proprio sentiero sulla montagna da

---

[67] CdR, cap. 7-10.

percorrere passo per passo senza farsi scoraggiare dagli ostacoli e dalla fatica.

Mi riferisco alle *peak experiences*, le esperienze vetta, di cui si è occupato in particolare Abraham Maslow[68], in cui il raggiungimento della cima non è l'effetto di un cammino lungo e faticoso, ma piuttosto di circostanze particolari e spesso occasionali. Sono detti *stati alterati di coscienza,* dove l'alterazione è relativa allo stato di coscienza ordinaria, quello della valle, e non implica un giudizio di valore: al contrario, la metafora della vetta si riferisce proprio al punto più elevato di sviluppo della coscienza umana. Queste esperienze sono descritte come momenti di illuminazione in cui si riduce fino a scomparire la distanza tra sé e il mondo lasciando il posto a un senso di unità, pienezza, calma, benessere fino a stati di estasi. Si ha l'impressione di un arresto del tempo, le comuni preoccupazioni per il domani svaniscono, si vedono le cose da una prospettiva allargata, come dalla cima di una montagna. Anche qui ci sono vette piccole, medie e grandi, ma il carattere dell'esperienza è inconfondibile. Si ha la certezza in quei momenti che questa sia la vita vera: così dovrebbe essere, non l'affannarsi quotidiano dietro a mille faccende che da quel punto di osservazione appaiono molto ridimensionate.

Le esperienze vetta possono essere indotte da condizioni diverse: da stati di innamoramento, pratiche sportive, esposizione a opere d'arte o immersione nella natura, ascolto di brani musicali con o senza danza, iperventilazione, meditazione, assunzione di sostanze psicoattive. Come si vede, è un insieme di condizioni assai eterogeneo. Lo stato alterato di coscienza (*Altered State of Consciousness*, ASC) può essere prodotto da una sostanza come la psilocibina o da una condizione fisiologica come l'innamoramento, o piuttosto essere il risultato di uno sforzo fisico o mentale prolungato, come nello sport e nella meditazione. La ricerca di

---

[68] Abraham Maslow, *Religions, Values, and Peak Experiences*, 1964.

questi stati può sfociare in dipendenza patologica da droghe, nella pratica di sport estremi, o nella ricerca ossessiva dell'estasi amorosa; ma anche nella pratica seria di varie forme di meditazione, sport, musica, danza. Nella saga di don Juan di Castaneda, lo stregone fa sperimentare degli ASC all'apprendista inizialmente con delle sostanze allucinogene. Successivamente smette di darglieli, e gli insegna piuttosto a raggiungere gli stessi stati grazie a tecniche di meditazione. L'apprendista allora gli chiede: "Perché mi hai fatto prendere quelle sostanze, se non era necessario?". "Perché eri troppo stupido", risponde lo stregone[69]. Intendeva dire: perché eri troppo profondamente addormentato. Quando il sonno è molto profondo abbiamo bisogno di scosse molto energiche per cominciare a svegliarci. A volte queste scosse vengono dagli eventi, che in una certa fase della vita di un individuo sembrano accanirsi senza tregua.

Anche delle droghe psichedeliche possono servire per aprire "le porte della percezione", osserva Aldous Huxley in un famoso saggio (*The doors of perception*, 1954)[70], in cui sostiene una tesi interessante. Il nostro cervello è strutturato per aiutarci a sopravvivere nel nostro mondo, che è un mondo culturale. La nostra esperienza è organizzata sostanzialmente in base a schemi verbali, necessari nella cultura in cui viviamo ma inadatti all'evoluzione spirituale dell'uomo perché agiscono da filtro, nel senso di lasciar entrare solo quello che corrisponde alle forme verbali impresse nel cervello e di escludere o deformare tutto ciò che non vi corrisponde. La sostanza usata da Huxley, la mescalina, principio attivo del peyote (un cactus originario del Messico), inibendo l'assimilazione del glucosio da parte del cervello, ne metterebbe parzialmente fuori uso la funzione di filtro, con la conseguente "apertura delle porte della percezione". Sulla stessa linea si è mosso Stanislav Grof, psichiatra cecoslovacco co-

---

[69] Carlos Castaneda, *Viaggio a Ixtlan*, 2012.
[70] Aldous Huxley, *Le porte della percezione*, 1980.

fondatore, assieme a Maslow, della psicologia transpersonale. Invece della mescalina Grof usò l'LSD fino alla fine degli anni Sessanta. Quando l'uso legale di quella droga fu soppresso, Grof continuò i suoi studi sugli stati alterati di coscienza utilizzando al posto della droga l'iperventilazione. Il meccanismo d'azione sembra analogo a quello visto per la mescalina: l'iperventilazione produce una iperossigenazione del sangue che a sua volta provoca vasocostrizione in alcuni settori corporei, tra i quali il cervello, che di conseguenza ne viene paradossalmente ipo-ossigenato. La diminuzione temporanea di apporto di ossigeno, come quella di glucosio, disattiverebbe la funzione di filtro del cervello, aprendolo alla percezione di una realtà più vasta di quella ordinaria. Grof ha distinto due modi di coscienza: *ilotropico*, focalizzato sulla realtà materiale (*hylos*) o ordinaria, corrispondente a quello che ho descritto come primo livello esistenziale (la valle), e *olotropico*, letteralmente "tendente alla totalità (*holos*)", la coscienza della realtà non ordinaria, o delle esperienze-vetta[71].

Personalmente ho lavorato abbastanza a lungo con l'iperventilazione, negli anni Settanta e Ottanta del secolo scorso: quanto è bastato per convincermi della verità di ciò che lo stregone don Juan diceva al suo apprendista. Alterare la chimica del cervello, con sostanze psichedeliche o con l'iperventilazione, può essere utile per darci una scossa quando siamo molto addormentati e portarci sulla vetta d'un balzo, in modo da avere una visione mozzafiato del mondo da quell'altezza e guardarlo almeno per qualche attimo con una riduzione dei filtri mentali. Tuttavia, non sfuggirà a nessuno la differenza tra lo scalare una montagna a piedi e l'arrivare in cima con un elicottero: è la differenza tra un percorso formativo compiuto passo per passo e una "illuminazione" che può essere folgorante, e persino duratura, ma lascia so-

---

[71] Stanislav Grof , *Holotropic Breathwork: A New Approach to Self-Exploration and Therapy,* 2010.

stanzialmente immodificata la struttura della personalità. Ho potuto constatarlo da vicino con il maestro indiano di cui sono stato discepolo per un breve periodo, parecchi anni fa. Era un maestro illuminato da cui ho imparato molto e a cui sono ancora oggi molto grato, dal quale mi sono tuttavia allontanato quando mi sono reso conto di alcuni tratti immaturi, al limite della patologia, in una personalità peraltro di altissimo livello spirituale. Circondandosi come faceva di devoti, invece che di compagni con cui continuare un cammino evolutivo, scelse di giocare la parte di colui che è "arrivato", e non ha più niente da imparare. Così facendo si infilò nel vicolo cieco in cui anni più tardi dovette fare i conti con una serie di eventi decisamente spiacevoli per lui e per la comunità che gli si era raccolta attorno. È stata, questa, l'ultima preziosa lezione, anche se involontaria, ricevuta dal mio maestro indiano.

L'esperienza della vetta (o del *formless being*, dell'essere senza forma, per chi ha familiarità con il linguaggio di Eckhart Tolle) non deve essere intesa come un modo per sottrarsi al compito evolutivo connaturato all'uomo in quanto animale incompiuto, ma in primo luogo come un modo per avere una visione distaccata dei livelli inferiori, quella visione che al primo livello permette di giocare senza prendere troppo sul serio il gioco, e al secondo di evolvere facendo un passo dopo l'altro, serenamente e senza fretta, apprezzando comunque il punto al quale ci si trova in qualsiasi momento. L'esperienza della vetta o dell'essere senza forma può valere poi anche come quella pregustazione della meta che aiuta a procedere in un percorso a volte tanto duro da scoraggiare i viaggiatori meno motivati. Ha detto un maestro zen[72]: «L'illuminazione è solo l'inizio, è solo un passo del viaggio. Non puoi attaccarti ad essa come a una nuova identità, o sei nei guai. Devi tornare alle faccende e al caos della vita, devi impegnarti

---

[72] Citato da Jack Kornfield nel suo libro *After the ecstasy, the laundry* (Dopo l'estasi, il bucato), 2001. Kornfield riporta diverse testimonianze che mostrano in modo persuasivo l'illusorietà dell'illuminazione come stato finale, raggiunto il quale non resterebbe altro da fare.

nella vita per anni. Solo così potrai integrare quell'esperienza. Solo così potrai imparare la perfetta fiducia». Io condivido l'opinione di quel maestro. Le pratiche meditative – che permettono di raggiungere l'illuminazione in modo più fisiologico rispetto alla manipolazione chimica del cervello – costituiscono un passo del cammino del risveglio che ho proposto. Il quarto, per la precisione, come se la sua collocazione al centro dei sette esprimesse anche simbolicamente la centralità di quel passo privilegiato per il quale forse più che per ogni altro vale il detto che *il passo è già la meta*.

Esploreremo nei prossimi seminari l'articolazione e l'integrazione dei tre livelli della cura – la valle, la salita della montagna e la vetta. Cercheremo di mostrare l'importanza di questo lavoro per la cura del disagio fondamentale che è all'origine di malesseri secondari e disturbi di vario tipo e gravità, un disagio che sembra iniziare nel momento stesso in cui veniamo al mondo, come ha genialmente intuito Otto Rank. È come se, espulsi dal grembo materno in cui abbiamo sperimentato un senso di unione quasi perfetta con il corpo materno (salvo nei casi in cui il trauma è anticipato dal rifiuto materno della gravidanza), non cessassimo di rimpiangere per tutta la vita il paradiso perduto, cercando di colmare quel vuoto disperante con ogni sorta di rimedi immancabilmente fallimentari, fintanto che non riusciamo a trasformare quel dolore nel *travaglio di parto* per una nuova nascita: con le parole di Rank, finché non trasformiamo la nevrosi in creazione, essendo quella nient'altro che una forma abortita di questa.

Il parto è un travaglio perché è una fine e un principio. È necessario che un mondo finisca perché ne inizi uno nuovo, e l'evoluzione a tutti i livelli è un processo di continue morti e rinascite. Poiché ogni essere cerca di mantenere la forma che ha, la resistenza al cambiamento è una componente fisiologica della vita. L'essere umano è l'unico animale sulla Terra che abbia l'onore e l'onere di poter contribuire volontariamente e coscientemente alla propria evoluzione, affrontando le resistenze che dal piano dell'esistenza ordinaria, dominata dalla precarietà e dall'illusione, si oppongono strenuamente al passaggio ai livelli superiori. La trasformazione della comune sofferenza, o disagio esistenziale, in travaglio di parto, sarà il filo conduttore del prossimo ciclo di seminari, sul tema della *seconda nascita nel terzo millennio*.

APPENDICI

11.

Il counseling e oltre[73]

Vorrei introdurre le mie considerazioni di oggi con i primi versi, che probabilmente sapete tutti a memoria, di una une delle più belle poesie che siano mai state scritte.

Sempre caro mi fu quest'ermo colle,
e questa siepe, che da tanta parte
dell'ultimo orizzonte il guardo esclude.
Ma sedendo e mirando, interminati
spazi di là da quella, e sovrumani
silenzi, e profondissima quiete
io nel pensier mi fingo, ove per poco
il cor non si spaura.

In questi versi dell'*Infinito* di Leopardi troviamo tre elementi chiave della situazione esistenziale: il limite, ciò che sta oltre il limite, e la paura dell'illimitato. Vediamo come giocano questi tre elementi nella problematica del counseling. Prima di tutto il limite. Tutte le associazioni di counseling si preoccupano di stabilire dei limiti temporali e di obiettivi alla professione di counselor. Il che è, indubbiamente, sacrosanto, se consideriamo ciò che può essere fatto da un professionista che ha avuto una formazione di settecento ore. Tuttavia, se fosse questo il motivo principale, basterebbe offrire dei corsi supplementari oltre le settecento ore previste, per esempio raddoppiandole a millequattrocento, per far cadere quei limiti per quei counselor, e non sarebbero pochi, che desi-

---

[73] Relazione tenuta al 4° Convegno nazionale AssoCounseling, Milano 2013.

derassero affacciarsi oltre la siepe che chiude il loro orizzonte. Ora, i corsi supplementari ci sono, ma i limiti restano: è la prova, se ce ne fosse bisogno, che ciò che li mantiene è altro. Che cosa? Non è difficile capirlo. Se le associazioni di counseling insistono sull'invalicabilità dei limiti è perché, in assenza di tali limiti, l'intervento di counseling tende ad assomigliare pericolosamente a una psicoterapia, fino ad esserne sostanzialmente indistinguibile. Questa evoluzione è un dato acquisito in Nord America, dove le professioni di psicoterapeuta e counselor sono quasi sovrapponibili e i titoli nella pratica quasi intercambiabili – salvo una maggiore enfasi sulla patologia nell'una e sull'*empowerment* nell'altro – mentre è fortemente contrastata in Europa e particolarmente in Italia. Dunque, che cosa c'è oltre la siepe? C'è la psicoterapia, una pratica *virtualmente illimitata* nel tempo e negli obiettivi. E perché il counselor ne ha tanta paura? Naturalmente perché lo sconfinamento nella psicoterapia in Italia significa esercizio abusivo di una professione che la legge 56/89 riserva esclusivamente a medici e psicologi. Ma la paura di trasgredire un limite legale ha due lati, uno formale e l'altro sostanziale. Per esempio se stiamo guidando e vediamo un cartello che indica un limite di velocità di cinquanta all'ora, rallentiamo per due motivi: primo per la paura di prendere una multa, e secondo per quella di provocare un incidente guidando a una velocità superiore a quella consentita da questo tipo di strada.

Ora, il motivo formale e quello sostanziale non sempre e non necessariamente coincidono. Accade anzi regolarmente che a poco a poco la realtà delle cose cambi rispetto al momento in cui è stata fatta una determinata legge, e che l'organismo legislativo ne prenda atto modificandola o riscrivendola ex novo. In particolare, da molte parti si ritiene che la 56/89 sia superata, perché unifica sotto la dizione psicoterapia due realtà affini ma profondamente diverse. A una prima area, *sanitaria o diagnostico-procedurale*, appartengono le pratiche di cura di disturbi patologici mediante procedure empiricamente validate per il trattamento dei disturbi diagnosticati, di competenza esclusiva di medici e psicologi. A una seconda area, *formativa o dialogico-processuale*, appartengono le pratiche finalizzate alla cura del disagio esistenziale e allo sviluppo delle potenzialità di individui e gruppi (*empowerment*), esercitate da chiunque abbia ricevuto una formazione adeguata per farlo. In questa seconda area rientrano sia il counseling sia la psicoterapia di indirizzo esistenziale (di matrice psicodinamica o umanistica). Psicologi e medici possono giustamente rivendicare l'esclusiva della psicoterapia scientifica (nel senso delle scienze empiriche), ma non hanno alcun titolo per rivendicare quello della cura esistenziale (che è scientifica anche questa, ma nel senso delle scienze fenomenologiche ed ermeneutiche).

Questa divisione del campo nei due macrosettori che ho sommariamente descritto è sostenuta da una parte degli addetti ai lavori, ma contrastata da un'altra che vede in essa una dicotomia ingiustificata, dal momento che in ogni tipo di trattamento, lo si chiami psicoterapia, psicoanalisi o counseling, si applicano delle procedure, si sviluppano dei processi e si stabilisce qualche forma di dialogo. L'obiezione è sollevata in particolare da coloro che, negando l'esistenza di una differenza sostanziale tra psicoterapia e counseling, e considerando quindi il counseling come una forma di psicoterapia, vorrebbero riservare anche questo alla competenza esclusiva di medici e psicologi. Si fa notare, da questa parte, che la distinzione tra disagio esistenziale e franca patologia è spesso difficile se non impossibile, e che poiché la limitazione della durata del trattamento e degli obiettivi si fa comunemente anche in quella forma di psicoterapia che è detta appunto psicoterapia breve, non può certo valere come criterio distintivo del counseling rispetto a questa. Anche perché l'imperativo della brevità può essere ed è aggirato facilmente. Se per esempio il limite imposto è di dieci incontri, al termine del ciclo si fa il punto e se si è stabilita una buona alleanza di lavoro e – come spesso, se non di regola, accade – i problemi per cui il cliente ha chiesto il trattamento non sono del tutto risolti, o se ne presentano degli altri, il semplice buon senso suggerisce di procedere con un altro ciclo, e poi eventualmente un altro, e un altro ancora... Per contrastare questa prassi, che rende il counseling difficilmente distinguibile da un trattamento psicoterapeutico, un'associazione nazionale di counselor ha imposto l'obbligo di una pausa di cento giorni tra un ciclo di dieci incontri e l'eventuale successivo. Credo sia superfluo sottolineare l'arbitrarietà e l'assurdità di questa regola, che vale però come sintomo della difficoltà di distinguere un tipo di trattamento dall'altro col semplice accorgimento di imporre dei limiti formali.

Se queste obiezioni vengono prese sul serio, ed è bene che lo siano, si vede che è problematico continuare a rifugiarsi nell'affermazione rassicurante che il counseling non è psicoterapia solo perché si occupa del disagio esistenziale e si autolimita nella durata e negli obiettivi del trattamento, come se queste fossero verità ovvie e incontrovertibili. Prendiamo una situazione abbastanza tipica che può presentarsi a un counselor. Il cliente dice: "Mi sento un po' giù. Il medico mi ha trovato un po' depresso e mi ha dato del Prozac. Va un po' meglio, ma capisco che non sarà il Prozac a risolvere i miei problemi. Io ho bisogno di parlare del disagio che vivo quotidianamente in famiglia e sul lavoro. Posso farlo qui con lei?". Che farà questo counselor? Dovrà dire: "Mi dispiace, lei è depresso, si rivolga a uno psicoterapeuta?" E perché mai? L'aspetto medico del problema è sotto controllo, il medico ha prescritto un antidepressivo. Il disagio presentato dal cliente ha a che fare con le relazioni della sua vita quotidiana, e quindi dovrebbe rientrare pienamente nelle competenze del counselor. A meno di non esigere che questi lavori solo con clienti perfettamente sani: perché anche una gastrite, una colite e una cefalea hanno probabilmente una componente psicosomatica. Di fatto, il disturbo esistenziale e la patologia somatica e psichica si influenzano reciprocamente e si intrecciano regolarmente nei modi più vari. Data l'impossibilità di isolare in modo minimamente netto il disturbo esistenziale dalle numerose condizioni patologiche concomitanti di cui può essere sia la causa sia l'effetto, se non fosse possibile curare l'uno senza farsi carico delle altre avrebbero ragione coloro che pretendono di riservare la pratica del counseling ai soli medici e psicologi (anzi, sarebbe più giusto dire *ai soli medici*, dal momento che anche la capacità dello psicologo di fare diagnosi differenziale rispetto a patologie fisiche è dubbia).

Perché invece pensiamo che il counselor, posto che (non diversamente dallo psicologo) invii il cliente dal medico curante al minimo sospetto di patologie concomitanti, possa fare il suo lavoro anche nell'impossibilità teorica e pratica di isolare il disagio esistenziale da disturbi patologici fisici e psichici di ogni sorta? Lo pensiamo perché *la cura del disagio esistenziale è una cosa sostanzialmente diversa sia dalla cura medica, sia dalla cura psicologica che su questa si modella* (trattamento con procedure empiricamente validate per la cura di disturbi specifici). Se non cogliamo questa differenza sostanziale, non ci sarà possibile distinguere il counseling da una psicoterapia in formato ridotto, *una psicoterapia meno questo o quello,* ma sempre una psicoterapia. Per esempio, il documento preparato dall'Assocounseling per la richiesta di accreditamento delle scuole elenca una serie di orientamenti teorici, quelli più comunemente adottati dalle scuole (Psicoanalitico, Sistemico-relazionale, Cognitivo-comportamentale, Gestaltico, ecc.). È facile vedere che sono esattamente gli stessi orientamenti che troviamo nelle scuole di psicoterapia. Se ora il counselor nella sua formazione apprende l'uso degli stessi strumenti teorici e tecnici che si insegnano nelle scuole di psicoterapia, se pure in formato ridotto, e nella sua pratica utilizza quegli stessi strumenti, pur con tutte le limitazioni di tempo e di obiettivi imposte dai regolamenti, sembrerebbe che il suo lavoro non possa distinguersi da una psicoterapia se non per la brevità e la superficialità. Una distinzione che da un lato, come abbiamo visto, è piuttosto fragile e discutibile, e dall'altro farebbe del counselor uno psicoterapeuta di seconda scelta – cosa che non farebbe molto bene alla sua autostima. Per questo è giusto e necessario dire che il *counseling non è psicoterapia*. È necessario perché è tuttora in vigore una legge che riserva l'esercizio della psicoterapia a medici e psicologi. E soprattutto è giusto, ma a patto di precisare che cosa si intende per psicoterapia, operando la distinzione essenziale tra quel tipo di cura che è giusto riservare a medici e psicologici, e quel tipo diverso di cura – lo si chiami psicoanalisi, psicoterapia, counseling o come si preferisce – che *non è un trattamento sanitario*, e quindi non richiede una laurea in medicina o psicologia.

Non intendo certamente dire che lo studio dei modelli offerti dalle diverse scuole psicoterapeutiche sia una cosa sbagliata. Al contrario, ritengo che una scuola di counseling debba offrire agli allievi una serie di *mappe* che gli saranno preziose per orientarsi e muoversi sul terreno della cura. Ma il *tipo di movimento* su questo terreno sarà sostanziamente diverso da quello di uno psicoterapeuta la cui pratica è di tipo diagnostico-procedurale, l'unica cosa che ne giustifica l'assegnazione esclusiva a medici e psicologi. Per semplificare, potremmo dire che un counselor e uno psicoterapeuta dello stesso indirizzo teorico possono anche usare le stesse mappe sullo stesso territorio, eppure fanno due cose sostanzialmente diverse, perché i loro *obiettivi* sono sostanzialmente diversi: la cura del disagio esistenziale in un caso, quella di disturbi definiti con procedure specifiche nell'altro. Dobbiamo allora capire bene in che cosa consiste questa differenza.

Poiché la ragione per riservare la psicoterapia a medici e psicologi non può essere né la formazione medica, che manca agli psicologi, né quella psicologica, che manca ai medici, si deve trovare in qualcosa che è comune a queste due categorie professionali. E ciò che le accomuna non si trova in altro che nella formazione scientifica, quella della moderna scienza sperimentale, i cui criteri fondativi sono l'*oggettività* e la *riproducibilità*. Ora, la scienza che sta alla base della formazione medica e psicologica ha un ruolo marginale nella cura del disagio esistenziale, in cui la posizione centrale è occupata dal *dialogo*. La *verità rilevante* in questa cura non è quella dell'esperimento da cui derivano le procedure tecniche da applicare nella relazione con il paziente, bensì quella che emerge nell'incontro con il cliente, *sempre unico e imprevedibile*. È significativo che nel counseling si preferisca la parola *incontro* a quella più tecnica di *seduta* – per non parlare della *visita* che appartiene interamente al lessico medico. Naturalmente anche nella cura tecnico-procedurale si attua qualche forma di dialogo e si sviluppa qualche tipo di processo, così come anche nella cura dialogico-processuale si utilizzano delle procedure. Data la compresenza inevitabile di processo e procedure in ogni tipo di cura, la chiave della differenza si trova nel modo di integrare i due versanti dell'impresa. La differenza sostanziale tra i due tipi di cura si coglie in una prospettiva gestaltica di integrazione. Il quadro contiene sempre delle procedure e un processo, ma a seconda di ciò cui scegliamo di assegnare la funzione di figura, e rispettivamente di sfondo, l'immagine cambia radicalmente. Ne risultano due modi profondamente diversi di curare. Il primo è più propriamente un *prendersi cura* della persona e del suo disagio, indipendentemente dalla forma che questo disagio assume, e che può avere o non avere dei lati chiaramente patologici. Il secondo è una cura *specificamente e tecnicamente rivolta al disturbo o al problema* presentato. L'inversione gestaltica tra procedura e processo nei due approcci fa sì che le procedure impiegate dal counselor per favorire l'esplorazione e la comprensione dei vissuti, lo scioglimento dei blocchi, la produzione di esperienze riparative, l'attivazione delle risorse, abbiano in linea di principio un significato nettamente diverso da quello delle procedure impiegate nell'approccio procedurale. Mentre in questo la procedura deve essere applicata in modo sufficientemente protocollare perché la sua efficacia corrisponda a quella testata nell'esperimento (altrimenti sarebbe vanificata la pretesa di scientificità del metodo), nell'approccio processuale qualsiasi procedura prende significati diversi a seconda del contesto in cui è applicata, e quindi viene meno la possibilità di sostenerne la scientificità.

La differenza sostanziale può essere espressa con questa formula: *la cura medica si basa sul sapere, quella esistenziale sul non sapere.* È una differenza stabilita sin dai primordi del pensiero occidentale, da quello che possiamo considerare il primo counselor – Socrate, che così spiegava la sentenza dell'oracolo secondo la quale era l'unico sapiente: tutti gli ignoranti credono di sapere, mentre la sapienza consiste nel sapere di non sapere. Il metodo di Socrate è fondamentalmente lo stesso del moderno counselor: *il dialogo*, che sospendendo ogni pretesa di sapere apre lo spazio in cui il logos, la verità del processo dialogico, può a poco a poco rivelarsi. I terapeuti che hanno inaugurato la moderna cura esistenziale – Otto Rank, Ludwig Binswanger, Rollo May – hanno confermato la scoperta originaria di Socrate. Il disagio esistenziale nasce dall'*identificazione* con un ruolo, uno stato, un'immagine – cioè dalla pretesa di sapere, anche se preconsciamente, chi siamo, che cosa vogliamo, di che cosa abbiamo diritto. Per esempio nell'analisi transazionale queste pretese sono racchiuse nel triangolo di Karpman, i cui vertici sono presidiati dalle figure della vittima, del persecutore e del salvatore. La cura consisterà allora nell'aiutare il soggetto a prendere coscienza delle identificazioni di cui è rimasto prigioniero, non certo per offrirgli identificazioni sostitutive tratte dalle teorie in cui potrebbe essere identificato il curante (che quindi sarebbe a sua volta prigioniero di un sapere), ma per rimettere in movimento il processo esistenziale bloccato. Le diverse mappe di cui il counselor dispone, tratte dai più diversi orientamenti teorici, possono aiutarlo a riconoscere le trappole cognitivo-emotive in cui il cliente è caduto e a rispondere alla sua richiesta di aiuto nei modi più appropriati a quel particolare cliente in quel contesto specifico e in quella fase esistenziale. Ma poi ogni situazione, ogni singolo incontro richiedono delle risposte uniche, che possono essere trovate solo immergendosi in quella situazione con mente sgombra da qualsiasi preconcetto e aspettativa, come suggeriva Freud con il suo celebre consiglio di lasciarsi sorprendere a ogni svolta, e come insisteva Bion con il suo altrettanto celebre invito a lasciare il desiderio e la memoria fuori della stanza di analisi.

Ora, questo approccio dialogico-processuale, così radicalmente diverso da quello tecnico-procedurale della psicoterapia scientifica (sempre nel senso della scienza empirica, non di quella fenomenologico-ermeneutica), accomuna il counselor e diversi altri professionisti della relazione di aiuto, in particolare psicoterapeuti esistenziali, antropoanalisti, psicoanalisti laici. Che differenza c'è tra un counselor e uno psicoterapeuta esistenziale? Nessuna, se fossimo in America. Ma siamo in Italia e dobbiamo tener conto del contesto in cui operiamo. È ovvio che un diploma di counselor conseguito da una persona priva di laurea con un corso triennale di settecento ore non può avere lo stesso valore di quello di psicoterapeuta conseguito da un medico o uno psicologo con un corso quadriennale di duemila ore. Tuttavia, se nessuno può mettere in discussione la competenza esclusiva di medici e psicologi per la psicoterapia basata sul modello medico, nulla giustifica l'attribuzione in esclusiva a queste categorie professionali anche della psicoterapia basata sul modello umanistico-esistenziale. Viceversa, se c'è qualcuno che ha la preparazione adatta per questo tipo di cura sono proprio i counselor, che prendendo coscienza della propria identità culturale possono farne la base per lo sviluppo di una professionalità che superi i limiti attualmente imposti alla loro professione. Occorre pensare a un livello formativo ulteriore, come può essere un corso biennale di altre settecento ore aperto a chi è in possesso di diploma di scuola triennale di counseling, oltre che di una laurea breve in qualsiasi disciplina, meglio se umanistica.

In questa prospettiva il counseling si sottrae decisamente all'immagine svalutativa di una psicoterapia di seconda scelta per prendere la posizione che gli spetta, di *primo livello* sulla via della cura del disagio esistenziale che giunge a compimento con un supplemento formativo grazie al quale vengono superati i limiti operativi corrispondenti a una formazione parziale, per una cura senza più limiti di tempo, obiettivi e profondità. Va da sé che questo sviluppo dovrà necessariamente collegarsi a una proposta legislativa che aggiorni e superi la legge 56/89 alla luce della 4/13. A questo esito legislativo si arriverà tanto più rapidamente, quanto più nei counselor crescerà la consapevolezza della loro funzione, del loro valore e dei loro diritti.

12.

La *cure* e la *care* nelle professioni di aiuto[74]

1. Si trovano in tutti i tempi e tutte le culture delle persone che non riescono a vivere se non sotto la protezione di regole rigide che stabiliscono che cosa si deve e che cosa non si deve fare, come si deve o non si deve essere. Al di fuori del recinto definito dai loro sistemi dogmatici si sentono smarrite, e non possono o non vogliono tollerare questo smarrimento che sarebbe liberatorio sia per loro che per il resto del mondo, ma che da loro è vissuto come troppo pericoloso. È una debolezza molto umana, che merita di essere accolta con comprensione e compassione. Il problema, con queste persone, è che nella maggior parte dei casi non sono consapevoli della loro debolezza, ma immaginano di essere depositarie di verità assolute o quanto meno superiori a tutte le altre. Di conseguenza si sentono investite della missione di trasmettere le loro verità a chi ne è privo, di convertire gli infedeli, e anche di imporre con tutti i mezzi disponibili il rispetto di regole del cui valore universale sono incrollabilmente convinte. È il fenomeno ben noto dell'*integralismo*, di cui si trovano esempi cospicui in tutte le religioni positive del globo, ma non solo in queste. La specie più diffusa di integralismo nel mondo occidentale è probabilmente quella che va sotto il nome di *scientismo*, un'ideologia incardinata sulle convinzioni che l'unica forma vali-

---

[74] Relazione tenuta al 1° Convegno nazionale Cipra, Milano 2013.

da di conoscenza sia quella scientifica, e che l'unica scienza valida sia quella moderna, basata sui principi di oggettività e riproducibilità.

Espressione eccellente dell'ideologia scientista nel campo della salute mentale è il *paradigma tecnologico*, i cui assunti fondamentali sono che ogni malessere è riconducibile a meccanismi comprensibili in termini indipendenti dal contesto, e che la cura deve essere basata sull'applicazione di procedure empiricamente validate per il trattamento dei disturbi che sono stati diagnosticati, in modo largamente indipendente da relazioni, significati e valori (Bracken et al., 2013). Naturalmente nessun tecnocrate arriverà mai a dire che il contesto, le relazioni, i significati e i valori non sono importanti. Al contrario, il buon tecnocrate cerca di darsi un volto umano per mascherare ciò che per lui è essenziale, cioè che gli aspetti tecnici debbono avere la *priorità* su quelli umani (contesto, relazione, ecc). Il punto chiave sta nella domanda: *who sits on the seat of the driver?* chi siede al posto di guida? da chi o da che cosa è diretta la cura? Se la cura è *theory-driven*, guidata dalla teoria, che include le procedure tecniche derivate da quella teoria, è secondario o poco rilevante che cosa pensa chi siede sul sedile del passeggero, perché in ogni caso la direzione è decisa dal guidatore.

Con questo non voglio certo dire che al posto di guida non debba sedere nessuno. Se così fosse, il veicolo della cura andrebbe allo sbando, diretto da una parte o dall'altra a seconda delle influenze e degli umori prevalenti al momento. Preciso anche che non ho nulla da obiettare al fatto che il guidatore sia un tecnico per quelle pratiche di cura richieste da quanti, sia tra i terapeuti che tra i clienti, si sentono meglio sotto un ombrello tecnologico. L'obiezione riguarda solo la pretesa che questa scelta debba valere per tutti. L'alternativa necessaria è quella in cui il tecnico resta sullo sfondo, diciamo su uno dei sedili posteriori del veicolo, dal quale mette a disposizione del guidatore il suo armamentario lasciando che sia lui a decidere, in base al contesto, ai significati e ai valori che il processo della cura di momento in momento e-sprime, se una data tecnica può essere di aiuto in un dato momento, adattandola in modo che rifletta la situazione qui e ora e non le condizioni dell'esperimento in cui è stata validata – cosa che naturalmente farebbe venir meno la pretesa che quella tecnica sia "scientificamente fondata" o "evidence based", e con questa tutta l'impalcatura scientistico-tecnocratica della cura.

2. Abbiamo sostanzialmente due approcci alla cura, uno *tecnico-procedurale* (la *cure*) e uno *dialogico-processuale* (la *care*). Poiché in ogni relazione di cura si sviluppa un processo e si applicano delle procedure, il rapporto tra le due componenti può essere compreso in una prospettiva gestaltica. Se la procedura è figura e il processo è sfondo, abbiamo la *cure*, nel caso contrario abbiamo la *care*. Se la scelta è quella di privilegiare la teoria e la tecnica, i significati e i valori restano sullo sfondo, come tutto ciò che fa parte del contesto. Se al contrario l'attenzione prioritaria va al processo della cura, il contesto balza in primo piano e gli aspetti tecnici, se ci sono, prendono significati diversi a seconda del contesto in cui sono inseriti e sono pertanto largamente imprevedibili e insufficientemente correlati con le situazioni standard della sperimentazione. Va da sé che i due approcci possono essere combinati e ibridati a piacere, ma dovrebbe essere chiaro che si tratta di due scelte legittime che portano a *due impianti autonomi e diametralmente diversi*. In un caso la domanda che guida il colloquio clinico è *che cosa c'è che non va?* (con l'implicazione che la cosa sbagliata dovrà essere corretta). Nell'altro la domanda guida è: *che cosa succede?* (con l'implicazione che il nostro obiettivo primario è quello di dare senso all'esperienza, attivando nel dialogo le risorse per muoversi in quella direzione).

Se le due parti (dette comunemente degli *empirici* e degli *ermeneutici*) si legittimassero reciprocamente, sarebbe tutto più semplice. Ogni professionista potrebbe scegliere da che parte stare: di qua, di là, o un po' di qua e un po' di là. Sappiamo tuttavia che non è così. Nella reciproca delegittimazione si distinguono per bellicosità gli empirici, che non perdono occasione per accusare di cialtroneria o abusivismo tutti coloro che non hanno le carte in regola secondo i canoni della scienza empirica: vale a dire in primo luogo coloro che pretendono di esercitare una professione di aiuto senza essere né medici né psicologi, e in secondo luogo coloro che, con o senza il giusto titolo di studio, non seguono le direttive della ricerca empirica nella cura dei pazienti o clienti. Dall'altra parte si risponde per le rime, rispedendo al mittente l'accusa: siete voi che commettete un abuso teoretico e tecnico sulle persone, ridotte a meccanismi in relazioni alienate e disumane. Si osserva inoltre tra gli ermeneutici una certa insofferenza per l'esigenza, di cui gli empirici si fanno portatori, di dare un fondamento scientifico alle professioni di aiuto, un campo ancora oggi abbastanza segnato dal diritto avanzato da ognuno di fare quello che gli pare, in nome di qualche fantomatica scienza *sui generis*, per esempio all'insegna della "vera psicoanalisi" sventolata da aderenti ai credi teorici più diversi, spesso incompatibili e incommensurabili .

La debolezza di entrambe queste posizioni è stata ben vista da Jaspers, dal suo punto di osservazione di psichiatra e filosofo. Da un lato il medico è sempre più appiattito sulla funzione tecnica, smarrendo quasi del tutto quella funzione relazionale che è essenziale alla pratica della medicina, grazie alla quale l'evento morboso è inserito in un orizzonte di senso. Se questa perdita è grave per la pratica medica, tanto di più lo è per quella psicoterapia basata sulle evidenze che cerca di imitare la medicina, trasformandosi in una disciplina fondata sull'applicazione di procedure empiricamente validate. Dall'altro lato in questo spazio di ricerca di senso, abbandonato dalla medicina e dalla psicoterapia medicalizzata, ha trovato terreno fertile la psicoanalisi che – secondo il parere di Jaspers – non è affatto una scienza, come abusivamente pretende di essere, ma una pratica fideistica, parareligiosa, basata sull'analisi didattica che trasforma i candidati in

157

docili adepti di una delle tante sette o gruppuscoli psicoanalitici. Un parere severo, ma confermato nello stesso campo psicoanalitico da quanti hanno a cuore l'evoluzione della psicoanalisi in disciplina scientifica – come Arnold Cooper, che nel suo "testamento psicoanalitico" del 2008 ha scritto che «il nostro pluralismo contemporaneo consiste in gran parte di una molteplicità di ortodossie autoritarie, ognuna derivata da un particolare pensatore, piuttosto che da un discorso sceintifico». Certo, non tutta la psicoterapia è medicalizzata, e non tutta la psicoanalisi è fideistica, ma il fatto segnalato da Jaspers rimane: né la tecnica né l'analisi didattica possono essere il fondamento della cura in quanto *care*, bensì il ritorno alle radici della cura nel *binomio scienza e dialogo* su cui si fonda la pratica del medico-filosofo raccomandata già da Ippocrate.

3. Con questo arriviamo alla questione cruciale per il Cipra: come possiamo o dobbiamo intendere una scienza della *care*? I professionisti della *care* possono trovare una base di intesa e di unione nella lotta contro il nemico comune, l'ideologia tecnocratica che tenta di imporre a tutto il campo della cura i criteri di ricerca e di pratica propri della *cure* – quella manovra che si usa indicare come medicalizzazione della cura. Tuttavia questa lotta è destinata a sconfitta molto probabile se si ferma al rifiuto dei metodi della scienza empirica e non elabora modalità alternative di ricerca capaci di rivendicare l'appartenenza al campo delle scienze, umane e non empiriche. Di fatto il professionista della *care* ha bisogno della sfida che viene da parte della *cure*, dalla quale viene continuamente rilanciata la domanda: che cosa fate, voi della *care*, per superare *il livello aneddotico e autoreferenziale* che è sempre stato il limite di tutte le cure del sé o dell'anima? Noi della *cure* ci proviamo; i nostri studi randomizzati non saranno granché, ma sono un inizio; sempre di più la ricerca empirica si dedica allo studio del processo; ma voi che cosa fate?

A partire dal principio, largamente condiviso, che anche il professionista della *care*, al pari di quello della *cure*, è tenuto a lavorare *secondo scienza e coscienza*, si aprono essenzialmente due strade. La prima è imboccata da coloro per i quali esiste una sola scienza, quella che da Galileo, Newton, Cartesio e Bacone va sotto il nome di scienza moderna, basata sui principi di oggettività e riproducibilità. Se esiste una sola scienza, e solo medici e psicologi hanno una formazione adeguata per praticarla, è evidente che non solo le professioni di *cure*, ma anche quelle di *care*, debbono essere riservate a loro. I professionisti della *care* che non sono né psicologi né medici possono certo rinunciare a dare una base scientifica al loro lavoro, e presentarsi come semplici artigiani o artisti della cura, ma questo li esporrà alla domanda imbarazzante: come potete farvi carico della salute delle persone senza preoccuparvi della validità delle conoscenze che applicate nel vostro lavoro? A questo imbarazzo potranno sottrarsi rivendicando uno statuto scientifico anche per la loro pratica, ma di *un'altra scienza*. Come dobbiamo intendere quest'altra scienza?

Ogni impresa conoscitiva si colloca sulla linea che unisce i poli del *sapere* e del *non sapere*. Su questa linea si procede in due modi diversi a seconda che la priorità sia data al sapere o al non sapere. Nel primo caso si formulano delle ipotesi e si escogitano degli esperimenti per metterle alla prova, corroborarle o confutarle. Nel secondo l'impegno principale consiste nel sospendere ogni preconcezione e pregiudizio, per lasciare che le cose si manifestino nello spazio mentale lasciato libero per accoglierle. Vale anche qui quello che abbiamo osservato a proposito di procedure e processi: come in ogni relazione di cura ci sono entrambi, ma la priorità data agli uni piuttosto che agli altri dà luogo rispettivamente alla *cure* o alla *care*, così ogni procedimento conoscitivo si confronta con il sapere e con il non sapere, ma la priorità data al sapere dà luogo al tipo di scienza che conosciamo come scienza empirica, mentre la priorità data al non sapere produce quel tipo di scienza che è rappresentato in modo esemplare dalla fenomenologia.

Il legame tra i due tipi di cura e i due tipi di scienza è stringente. Nella *cure* l'accento prevalente è sull'applicazione di procedure che la ricerca empirica ha dimostrato efficaci per il tipo di disturbo o problema che è stato diagnosticato. Nella *care* la priorità è data all'ascolto il più possibile libero da aspettative di ogni genere, e al dialogo che si sviluppa grazie alla disponibilità da parte di entrambi gli interlocutori a mettere in sospensione e in gioco i rispettivi punti di vista. In entrambi i casi si fa uso di modelli e teorie, ma mentre la direzione della *cure* è data dalla diagnosi e dagli strumenti che la ricerca empirica ha messo a disposizione per curare il disturbo diagnosticato (*theory-driven practice*), per il professionista della *care* i modelli sono solo mappe da utilizzare per orientarsi sul territorio della cura, la cui direzione è data dal processo che si sviluppa di momento in momento nel dialogo (*process-driven practice*). La scienza empirica tende alla produzione di protocolli da applicare nei casi previsti, mentre la scienza eidetica (fenomenologica) tende alla produzione di mappe che descrivono i fatti o fattori essenziali che si incontrano nel processo dialogico della cura. La scienza empirica tende ad essere *prescrittiva*, cioè a medicalizzare la cura trasformando il curante in un tecnico addestrato ad applicare le procedure messe a punto dalla ricerca, proprio come il medico di base o il medico specialista. La scienza eidetica invece, prevalentemente *descrittiva*, mette a disposizione strumenti di orientamento non vincolanti che aiutano sia il curante che il cliente a prendersi la responsabilità in prima persona della conduzione della cura sulla base dei significati e dei valori che emergono e vengono scelti ad ogni passo di un percorso creativo e sempre imprevedibile.

Mentre la scienza empirica procede formulando ipotesi da sottoporre a esperimento, e trasformando in leggi scientifiche e applicazioni tecniche le ipotesi corroborate dall'esperimento, la scienza eidetica procede al contrario sospendendo continuamente l'adesione a qualsiasi teoria o aspettativa, per creare lo spazio mentale vuoto in cui le cose possano mostrarsi nella loro *essenza*. Questo vale sia per una scienza generale dei fenomeni essenziali o tipici del campo della cura, sia per la scienza locale del singolo trattamento, in cui la continua sospensione di memoria e desiderio, secondo la raccomandazione di Bion, libera la facoltà intuitiva da tutto ciò che la ostruisce, permettendo l'apertura del dialogo al cui interno si evidenziano le forme in cui la vita si è cristallizzata, per scioglierle e attivare un processo di trasformazione e crescita senza fine. L'unione di scienza e filosofia, di riconoscimento e accettazione del limite e apertura alle potenzialità infinite del processo vitale, nella dialettica tra conoscenza e mistero, tra mente e cuore, caratterizza la *via maestra della cura* che si snoda nei secoli, da Ippocrate a Jaspers a Bion. L'incapacità di vederla e di percorrerla espone al rischio abbastanza alto di cadere in uno dei due fossi che corrono ai lati della strada, rispettivamente della cura *tecnicistica* e della cura *fideistica*.

4. Che relazione possiamo vedere tra questa idea della cura e l'azione politica del Cipra, che nasce come associazione politico-culturale? La politica, notava ancora Jaspers, poggia su due capisaldi: la lotta e l'inganno. Ed è inevitabile che sia così se la politica è quello che normalmente è, cioè lotta tra gruppi di interesse, o lobby, che si combattono per portare a casa ciascuno il massimo vantaggio per il proprio gruppo. In questa prospettiva la verità non ha valore in sé, ma è qualcosa che deve essere piegato agli interessi di parte: la verità degli uni contro la verità degli altri. Questa tendenza all'inganno, che include e anzi presuppone l'autoinganno, connaturata all'azione politica, non è tuttavia insuperabile, ha mostrato Jaspers. Può infatti e deve essere contrastata dalle persone più consapevoli con un'azione educativa improntata alla spirito della cura, e quindi ai suoi principi fondamentali che sono lo studio rigoroso e il dialogo. Per quanto ci riguarda in par-

ticolare, il *Logos* della nostra azione politica si declinerebbe nelle forme epistemologica e dialogica.

L'impegno *epistemologico* si basa sulla premessa che la coltivazione di una *scienza umana diversa e autonoma dalla scienza empirica* sarebbe la miglior difesa dagli attacchi portati al campo della *care* da quanti pretendono di annetterlo a quello presidiato da medici e psicologi, gli unici a disporre della preparazione scientifica necessaria per esercitare professioni che in diversa misura e a vario titolo sono dirette alla cura della psiche o anima. Il Cipra potrebbe promuovere e sostenere lo sviluppo di una scienza umana della cura in tutti i modi possibili, a cominciare dall'organizzazione di un convegno, in collaborazione con la SEPI, su "*Scienza e arte nelle professioni di aiuto*".

L'impegno *dialogico-dialettico* consiste nel superamento del livello ordinario della comunicazione, in cui tutti a parole lodano il dialogo, ma ben pochi ne fanno propri i principi ispiratori, che sono la *tolleranza* e il *rispetto* per le idee altrui. Mentre nel dibattito politico ordinario l'obiettivo è quello di sconfiggere o quanto meno persuadere l'avversario, nel confronto dialogico-dialettico l'obiettivo è quello della *chiarificazione* delle rispettive posizioni. È raro, infatti, che al termine di un confronto uno dei due interlocutori sia riuscito a persuadere l'altro. Ma se, attraverso uno scambio che può essere prolungato e paziente, e a volte anche duro e tenace, si raggiunge il risultato di un chiarimento delle posizioni in gioco su una base di rispetto e tolleranza per le differenze, si attiva un processo di trasformazione delle coscienze che vale di più di qualsiasi obiettivo contingente la lotta politica possa conseguire.

Jaspers ha detto una volta: io sono tollerante con tutti, meno che con gli intolleranti. Abbastanza a lungo l'ho pensata come lui, ma alla fine ho capito che non funziona. Bisogna andare oltre il punto, pur avanzato, a cui è giunto lui. Dobbiamo imparare a essere tolleranti anche con gli intolleranti – a partire dall'intollerante che è in noi, per non cadere nell'illusione di pensare che i dialoganti siamo noi e gli intolleranti gli altri. La comunicazione dialogico-dialettica, se perseguita con determinazione e passione, è quella forma di comunicazione che aiuta a smascherare l'intollerante che abbiamo di fronte, al pari di quello che è dentro di noi. Per concludere, io credo che nella prospettiva di un impegno politico efficace e non ingannevole solo una lotta guidata dallo spirito della cura, che significa prima di tutto un impegno dialogico, merita i nostri sforzi. Una lotta politica che non si accompagni a un impegno costante di educazione di noi stessi e dei nostri interlocutori credo proprio che non li meriti.

Bibliografia

Bion W.R. *Attenzione e interpretazione.* Armando, Roma 1973.

Bion W.R. Notes on memory and desire. *Psychoanalytic Forum*, 2: 271-280, 1967.

Borrello G. *La filosofia come cura. Karl Jaspers filosofo e medico. Dall'antipsichiatria alla politica attraverso una filosofia dell'esistenza.* Liguori, Roma 2010.

Bracken P. et al. Una psichiatria al di là dell'attuale paradigma. *Psicoterapia e Scienze Umane*, XLVII 1: 9-22, 2013.

Carere-Comes T. La logica della relazione psicoterapeutica. *Psicoterapia e Scienze Umane,* 3: 83-99, 2002.

Carere-Comes T. *Il futuro della psicoterapia tra integrità e integrazione* (con G.G. Alberti). FrancoAngeli, Milano 2003.

Carere-Comes T. Il soggetto meta: libertà da memoria e desiderio. *Psicoterapia e Scienze Umane*, 4: 487-494, 2005.

Carere-Comes T. *Quale scienza per la psicoterapia?* Florence Art, Firenze 2009.

Carere-Comes T. What science for psychoanalysis? *International Psychoanalysis.* New York 2011. http://internationalpsychoanalysis.net/2011/07/21/what-science-for-psychoanalysis-tullio-carere-comes/

Carere-Comes T. *La cura di sé nella relazione di aiuto.* DiàBook, Bergamo 2011.

Carere-Comes T. *Il cammino del risveglio.* Lubrina, Bergamo 2012.

Carere-Comes T. *La cura del disagio esistenziale.* In Carere-Comes T., Montanari C. *Atti del 5° Congresso Sepi-Italia.* Sovera, Roma 2013.

Carere-Comes T., Adami Rook P., Panseri L. *Che cosa unisce gli psicoterapeuti e che cosa li separa.* Vertici, Firenze 2007.

Carere-Comes T., Migone P. Dibattito post-congressuale, I Convegno Nazionale SEPI-Italia (Milano, 2002). Quarta parte. *Psychomedia Telematic Review. http://www.psychomedia.it/pm-lists/debates/sepi6.htm*

Castaneda C. *Viaggio a Ixtlan*, Rizzoli, Milano 2012.

Cooper A. M. American Psychoanalysis Today: A Plurality of Orthodoxies. *Journal of The American Academy of Psychoanalysis and Dynamic Psychiatry*, 36(2), 235-253, 2008.

Cremerius J. Il linguaggio della tenerezza e il linguaggio della passione. *Psicoterapia e Scienze Umane,* 3: 34-62,1984. Ristampato in *Psicoterapia e Scienze Umane*, 3: 427-452, 2006.

Deshimaru T. *La pratica della concentrazione.* Astrolabio, Roma 1982.

Eliade M. *Lo sciamanismo e le tecniche dell'estasi.* Edizioni Mediterranee, Roma 1974.

Esposito R. Filosofia prêt-à-porter: Cosa resta di tanti festival. *La Repubblica*, 23 luglio 2012.

Esposito R. Ma Kant e Spinoza non diventano pop. *La Repubblica*, 17 agosto 2012.

Ferenczi S. *Diario clinico.* Raffaello Cortina, Milano 2004.

Fonagy P. A Genuinely Developmental Theory of Sexual Enjoyment and Its Implications for Psychoanalytic Technique. *J Am Psychoanal Assoc* 56: 11-36, 2008.

Fornaro M. Per una radicale comprensione dell'altro in un'effettiva relazione di aiuto. In Carere-Comes T, Montanari C. *Curare e prendersi cura nella psicoterapia e nel counseling.* Sovera, Roma 2013.

Fornaro M. Un'epistemologia per la clinica o la clinica per un'epistemologia? In Carere-Comes T. *Quale scienza per la psicoterapia?* Florence Art, Firenze 2009.

Fox M. *In principio era la gioia.* Fazi, Roma 2011.

Freud S. (1912). Consigli al medico nel trattamento psicoanalitico. *Opere*, 6: 532-541. Boringhieri, Torino 1974.

Freud S. (1914). Per la storia del movimento psicoanalitico. *Opere*, 7: 377-440. Boringhieri, Torino 1975.

Friedman, L. Ferrum, ignis, and medicina: return to the crucible. *Journal of the American Psychoanalytic Association*, 45: 21-37, 1997.

Gadamer H.G. Verità e Metodo. Bompiani, Milano 2001.

Galimberti U. *I miti del nostro tempo.* Feltrinelli, Milano 2009.

Giacobbe G.C. *Alla ricerca delle coccole perdute*, Ponte alle Grazie, Milano 2008.

Grof S. *Holotropic Breathwork: A New Approach to Self-Exploration and Therapy.* SUNY, New York 2010.

Guénon R. *Il simbolismo della croce.* Luni, Milano 2006.

Guénon R. *L'uomo e il suo divenire secondo il Vêdânta.* Adelphi, Milano 2011.

Heidegger M. *Essere e tempo*. Longanesi, Milano 1976.

Hillman J., Ventura M. *Cento anni di psicoanalisi e il mondo va sempre peggio*. Rizzoli, Milano 2005.

Huxley A. *Le porte della percezione*, Mondadori, Milano 1980.

Jaspers K. *Il medico nell'età della tecnica*, Raffaello Cortina Editore, Milano 1991.

Karpf F.B. *The Psychology and Psychotherapy of Otto Rank*, Philosophical Library, New York 1952 [Kindle Edition].

Kornfield J. *After the ecstasy, the laundry.* Random House, London 2001.

Linehan M. *Cognitive-behavioral treatment of borderline personality disorder.* Guilford Press, New York 1993.

Mancuso V. *La vita autentica*. Raffaello Cortina Editore, Milano 2009.

Maslow A. *Religions, Values, and Peak Experiences*, Vicking, New York 1964.

Migone P. Ancora su psicoterapia e ricerca "scientifica". *Il Ruolo Terapeutico*, 108: 49-63, 2008.

Migone P. Nella ricerca in psicoterapia il "contesto della verifica" nuoce al "contesto della scoperta"? *Il Ruolo Terapeutico*, 107: 73-8, 2008.

Norcross J.C. Relazioni psicoterapeutiche che funzionano. Convergenza di integrazione ed evidenze. In Carere-Comes T., Adami Rook P., Panseri L. *Che cosa unisce gli psicoterapeuti e che cosa li separa*. Vertici, Firenze 2007.

Panikkar R. *La dimora della saggezza*. Mondadori, Milano 2005.

Renik O., Bott Spillius E. Intersubjectivity in psychoanalysis. *International Journal of Psychoanalysis*, 85: 1053–64, 2004.

Rogers, C. *Psicoterapia di consultazione* (*Counseling and psychotherapy*, 1942). Astrolabio, Roma 1972.

Rosenzweig, S. Some implicit common factors in diverse method of psychotherapy. *American Journal of Orthopsychiatry, 6,* 412-416, 1936 (ristampato in *Journal of Psychotherapy Integration*, Vol 21, 2002).

Sogyal Rimpoche. *The Tibetan Book of Living and Dying*. Harper and Collins, London 2009 (Kindle edition).

Spinelli A. *Come ho cercato di diventare saggio*. Il Mulino, Bologna 1987.

Stefano Blasi S., Rossi Monti M. La questione delle psicoterapie e del counseling "sufficientemente buoni". In Carere-Comes T, Montanari C. *Curare e prendersi cura nella psicoterapia e nel counseling*. Sovera, Roma 2013.

Stein, R. The Otherness of Sexuality: Excess. *J Am Psychoanal Assoc*; 56: 43- 71, 2008.

Vannini M. *Il volto del Dio nascosto*. Mondadori, Milano1999.

Wachtel P.L. *Relational Theory and the Practice of Psychotherapy*. Guilford Press, New York 2007.

Wallerstein R. *Forty-two lives in treatment*. Guilford Press, New York 1986.

Stampato nel mese di dicembre 2013